Iris Schürmann-Mock (Hg.)

Ich fühl's, ein Wunder ist geschehn

Iris Schürmann-Mock (Hg.)

Ich fühl's, ein Wunder ist geschehn

Weihnachtserinnerungen

Kaufmann Verlag

Iris Schürmann-Mock lebt als freiberufliche Autorin in Bornheim bei Bonn. Sie schreibt erzählende Sachbücher und Gedichte und sie gibt Anthologien heraus.

Bibliografische Information der Deutschen Bibliothek
Die Deutsche Bibliothek verzeichnet diese Publikation in der Deutschen Nationalbibliografie; detaillierte bibliografische Daten sind im Internet über http://dnb.ddb.de abrufbar.

1. Auflage 2015

Druck und Bindung: CPI books, Ulm
Coverabbildung: ©dred2010, Fotolia.com

ISBN 978-3-7806-3164-0

Inhalt

Warten und Wünschen

Schenken und Staunen

VERSTEHEN UND VERSÖHNEN

Warten und Wünschen

Weihnachtslied

Vom Himmel in die tiefsten Klüfte
Ein milder Stern herniederlacht;
Vom Tannenwalde steigen Düfte
Und hauchen durch die Winterlüfte,
Und kerzenhelle wird die Nacht.

Mir ist das Herz so froh erschrocken,
Das ist die liebe Weihnachtszeit!
Ich höre fernher Kirchenglocken
Mich lieblich heimatlich verlocken
In märchenstille Herrlichkeit.

Ein frommer Zauber hält mich wieder,
Anbetend, staunend muss ich stehn;
Es sinkt auf meine Augenlider
Ein goldner Kindertraum hernieder,
Ich fühl's, ein Wunder ist geschehn.

Theodor Storm

(geb. 1817 in Husum – gest. 1888 in Hademarschen)
Die Weihnachtzeit war für Theodor Storm ein Höhepunkt des Jahres. Er bereitete sie sorgfältig vor und dokumentierte sie ausführlich. Er schrieb mehrere Weihnachtsgedichte, darunter auch den Klassiker „Knecht Ruprecht“.

Anmutige Wintertage

Man kann annehmen, dass, so sehr poetische Gemüter darüber klagen, wie in unserer Zeit alles Gedicht und Wundersame aus dem Leben verschwunden sei, dennoch in jeder Stadt, fast allenthalben auf dem Lande, Sitten und Gebräuche und Festlichkeiten sich finden, die an sich das sind, was man poetisch nennen kann, oder die gleichsam nur eine günstige Gelegenheit erwarten, um sich zum Dichterischen zu erheben. Das Auge, welches sie wahrnehmen soll, muss freilich ein unbefangenes sein, kein stumpfes und übersättigtes, welches Staunen, Blendung oder ein Unerhörtes, die Sinne durch Pracht oder Seltsamkeit Verwirrendes mit dem Poetischen verwechselt … Als ich ein Kind war, so erzählte Medling, ein geborner Berliner, war der Markt und die Ausstellung, wo die Eltern für die Kinder oder sonst Angehörigen Spielzeug, Näschereien und Geschenke zum Weihnachtsfeste einkauften, eine Anstalt, deren ich mich immer noch in meinem Alter mit großer Freude erinnere. In dem Teile der Stadt, wo das Gewerbe am meisten vorherrschte, wo Kaufleute, Handwerker und Bürgerstand vorzüglich ein rasches Leben verbreiten, war in der Straße, welche von Cölln zum Schlosse führt, schon seit langer Zeit der Aufbau jener Buden gewöhnlich, die mit jenem glänzenden Tand als Markt für das Weihnachtsfest ausgeschmückt werden sollten. Diese hölzernen Gebäude setzten sich nach der langen Brücke sowie gegenüber nach der sogenannten Stechbahn fort, als rasch entstehende, schnell vergehende Gassen. – Vierzehn Tage vor dem Feste begann der Aufbau, mit dem Neujahrstage war der Markt geschlossen, und die Woche vor Weihnacht war eigentlich die Zeit, in welcher es auf diesem beschränkten Raum der Stadt am lebhaftesten herging und das Gedränge am größten war. Selbst Regen und Schnee, schlechtes und unerfreuliches Wetter, auch strenge Kälte konnten die Jugend wie das Alter nicht vertreiben. Hatten sich aber frische und anmutige Wintertage um jene Zeit eingefunden, so war dieser Sammelplatz aller Stände und Alter das Fröhlichste, was der heitere Sinn nur sehen und genießen konnte, denn nirgends habe ich in Deutschland und Italien etwas Ähnliches wiedergefunden, was damals die Weihnachtszeit in Berlin verherrlichte.

Am schönsten war es, wenn kurz zuvor Schnee gefallen und bei mäßigem Frost und heiterm Wetter liegen geblieben war. Alsdann hatte sich das gewöhnliche Pflaster der Straße und des Platzes durch die Tritte der unzähligen Wanderer gleichsam in einen marmornen Fußboden verwandelt. Um die Mittagsstunde wandelten dann wohl die vornehmeren Stände behaglich auf und ab, schauten und kauften, luden den Bedienten, welche ihnen folgten, die Gaben auf, oder kamen auch nur wie in einem Saal zusammen, um sich zu besprechen und Neuigkeiten mitzuteilen. Am glänzendsten aber sind die Abendstunden, in welchen diese breite Straße von vielen Tausend Lichtern aus den Buden von beiden Seiten erleuchtet wird, dass fast eine Tageshelle sich verbreitet, die nur hie und da durch das Gedränge der Menschen sich scheinbar verdunkelt. Alle Stände wogen fröhlich und laut schwatzend durcheinander. Hier trägt ein bejahrter Bürgersmann sein Kind auf dem Arm und zeigt und erklärt dem laut jubelnden Knaben alle Herrlichkeiten. Eine Mutter erhebt dort die kleine Tochter, dass sie sich in der Nähe die leuchtenden Puppen, deren Hände und Gesicht von Wachs die Natur anmutig nachahmen, näher betrachten könne. Ein Kavalier führt die geschmückte Dame, der Geschäftsmann lässt sich gern von dem Getöse und Gewirr betäuben und vergisst seiner Akten, ja selbst der jüngere und ältere Bettler erfreut sich dieser öffentlichen, allen zugänglichen Maskerade und sieht ohne Neid die ausgelegten Schätze und die Freude und Lust der Kinder, von denen auch die geringsten die Hoffnung haben, dass irgendetwas für sie aus der vollen Schatzkammer in die kleine Stube getragen werde. So wandeln denn Tausende scherzend mit Plänen zu kaufen, erzählend, lachend, schreiend an den süß duftenden mannigfaltigen Zucker- und Marzipangebäcken vorüber, wo Früchte in reizender Nachahmung, Figuren aller Art, Tiere und Menschen, alles in hellen Farben strahlend, die Lüsternen anlacht: Hier ist eine Ausstellung wahrhaft täuschenden Obstes, Aprikosen, Pfirsiche, Kirschen, Birnen und Äpfel, alles aus Wachs künstlich geformt; dort klappert, läutet und schellt in einer großen Bude tausendfaches Spielzeug aus Holz in allen Größen gebildet, Männer und Frauen, Hanswürste und Priester, Könige und Bettler, Schlitten und Kutschen, Mädchen, Frauen, Nonnen, Pferde mit Klingeln, ganzer Hausrat oder Jäger mit Hirschen und Hunden, was der Gedanke nur spielend ersinnt, ist hier ausgestellt, und die Kinder, Wärterinnen und Eltern werden angerufen, zu wählen und zu kaufen. Jenseits erglänzt ein überfüllter Laden mit blankem Zinn (denn damals war es noch gebräuchlich, Teller und Schüsseln von diesem Metall zu gebrauchen), aber neben den polierten und spiegelnden Geräten blinkt und leuchtet in Rot und Grün und Gold und Blau eine Unzahl regelmäßig aufgestellter Soldatesken, Engländer, Preußen und Kroaten, Panduren und Türken, prächtig gekleidete Paschas auf geschmückten Rossen, auch geharnischte Ritter und Bauern und Wald im Frühlingsglanz, Jäger, Hirsche und Bären und Hunde in der Wildnis. Wurde man schon auf eigene, nicht unangenehme Weise betäubt von all dem Wirrsal des Spielzeuges, der Lichter und der vielfach schwatzenden Menge, so erhöhten dies noch durch Geschrei jene umwandelnden Verkäufer, die sich an keinen festen Platz binden mochten, diese drängen sich durch die dicksten Haufen und schreien, lärmen, lachen und pfeifen, indem es ihnen weit mehr um diese Lust zu tun ist, als Geld zu lösen. Junge Burschen sind es, die unermüdet ein Viereck von Pappe umschwingen, welches, an einem Stecken mit Pferdehaar befestigt, ein seltsam lautes Brummen hervorbringt, wozu die Schelme laut: „Waldteufel kauft!“ schreien. Nun fährt eine große Kutsche mit vielen Bedienten langsam vorüber. Es

sind die jungen Prinzen und Prinzessinnen des Königlichen Hauses, welche auch an der Kinderfreude des Volkes teilnehmen wollen. Nun freut der Bürger sich doppelt, auch die Kinder des Herrschers so nahe zu sehen: Alles drängt sich mit neuem Eifer um den stillstehenden Wagen.
Jedes Fest und jede Einrichtung, so beschloss Medling seinen Bericht, wächst mit den Jahren und erreicht einen Punkt der Vollendung, von welchem es dann schnell oder unvermerkt wieder hinabsinkt. Das ist das Schicksal alles Menschlichen im Großen wie im Kleinen. So viel ich nach den Erinnerungen meiner Jugend und Kindheit urteilen darf, war diese Volksfeierlichkeit von den Jahren 1780 bis etwa 1793 in ihrem Aufsteigen und in der Vollkommenheit. Schon in den letzten Jahren richteten sich in nähern oder entfernteren Straßen Läden ein, die die teuren und gleichsam vornehmeren Spielzeuge zur Schau ausstellten. Zuckerbäcker errichteten in ihren Häusern anlockende Säle, in welchen man Landschaften aus Zuckerteig oder Dekorationen, später ganz lebensgroße mythologische Figuren wie in Marmor ausgehauen, aus Zucker gebacken sah. Ein prahlendes Bewusstsein, ein vornehm tuendes Überbieten in anmaßlichen Kunstproduktionen zerstörte jene kindliche und kindische Unbefangenheit, auch musste Schwelgerei an die Stelle der Heiterkeit und des Scherzes treten. Doch ist mit allen diesen neuern Mängeln, so endigte unser Freund seinen Bericht, diese Christzeit in Berlin, vergleicht man das Leben dieser fröhlichen und für Kinder so ahndungsreichen

Tage, mit allen andern Städten, immer noch eine klassische zu nennen, wenn man das Klassische als den Ausdruck des Höchsten und Besten in jeglicher Art gebrauchen will.

Ludwig Tieck

(geb. 1773 in Berlin – gest. 1853 in Berlin)
Ludwig Tieck war ein bedeutender Dichter der deutschen Romantik. Als Erzähler brillierte er vor allem in Märchen und Novellen. Er übersetzte Werke von Shakespeare und Cervantes (Don Quijote) und machte sich als Herausgeber vor allem um den Nachlass Heinrich von Kleists verdient.

WEIHNACHTS-SCHWARZMARKT IN BERLIN

Es ist so kalt, dass den Berlinern die Tränen kommen. Auf den Perrons der Stadtbahnhöfe treten die Wartenden hastig in den Windschatten der Zeitungskioske. Zwölf Grad unter null sind kein Spaß. Der Sturm fegt eisig um die Ecken. Er pfeift durch hunderttausend leere Fensterhöhlen. Es klappert und klirrt und scheppert. Das ist die atonale, die hochmoderne Ruinenmusik. Auch wer zu Hause, bei Stromsperre, hinterm kalten Ofen sitzt, kann mithören. Die Übertragung ist vorzüglich. Das Konzert ist gratis. Es kostet nur Nerven. Alles, was Zähne hat, darf mitklappern.

Auf dem Weihnachtsmarkt am Lustgarten, wo's bei der bösen Kälte gewiss recht einsam und leer sein wird, gehen heute, das weiß ich, mindestens fünfundzwanzig fröstelnde Männer und Frauen spazieren. Nicht aus weihnachtlichem Übermut, bewahre. Es sind die vom Preisamt Berlin-Mitte ausgesandten ehrenamtlichen Prüfer und Prüferinnen, die nach Preisverstößen fahnden. Den Karussellbesitzern ist man schon auf der Spur. Es ist festgestellt worden, dass „die Preise für das Karussellfahren (50 Pfennig mindestens) viel zu hoch sind; dabei werden für diese hohen Preise nur vielleicht drei Runden zurückgelegt, gegenüber acht bis elf Runden in früheren Zeiten, in denen höchstens 20 Pfennig für eine solche Fahrt verlangt wurden".

Das ist schlimm. Nicht so sehr für die Berliner Kinder. Denn wenn's so kalt bleibt, werden die Eltern mit ihnen sowieso nicht bis zum Lustgarten, dem Tummelplatz des Preisamts Mitte, wandern. Sondern für die Karussellbesitzer selber. Bei so hohen Preisen und so wenig Runden pro Person und Fahrt büßen sie ja doch, falls niemand kommt, viel mehr Geld ein, als sie schicklicherweise, wie in früheren Zeiten, für zwanzig Pfennig acht bis elf Runden lieferten. Das haben sie nun davon.

Wenn's nicht so kalt wäre, hätte ich nicht übel Lust, den Weihnachtsmarkt zu besuchen, um den fünfundzwanzig ehrenamtlichen Prüfern und Prüferinnen zuzuschauen, wie sie, ernsten Auges, mit roten Nasen, Teufelsrad fahren und – die Sache will's – in den Luftschaukeln grimmig dahinschweben und die

Runden zählen. „Der Gewerbe-Außendienst führt außerdem eine Sonderkontrolle auf dem Weihnachtsmarkt durch“, berichten die Zeitungen. Die Sonderkontrolleure vom Gewerbe-Außendienst reiten also, zur Drehorgelmusik, auf Hirschen und Tigern und kritzeln hierbei die Preisverstöße ins verbeulte Notizbuch – … welch ein Beispiel schöner und äußerster Pflichterfüllung!

Ruprecht ante portas. Weihnachten steht vor der Tür, durch deren Ritzen der Winter die Kälte und die Not in die Wohnungen fädelt. Weihnachten steht vor der Tür. – Sollen wir's wirklich hereinbitten? An den Ofen ohne Kohle, unter die Lampe ohne Licht, an den Tisch ohne Gaben? Nun, der Mensch bedenkt sich, wie man weiß, nicht lange. Im Bösen nie. Und zuweilen nicht einmal im Guten. Er geht zur Tür, vor welcher Weihnachten steht, öffnet sie weit und ruft unter Tränen lächelnd: „Herein. Wir freuen uns, dass Sie gekommen sind. Und noch dazu so pünktlich.“

Man will und wird Weihnachten feiern. Trotz allem. Mit zusammengebissenen Zähnen, ohne Rücksicht auf Verluste. Man wird einander beschenken. Auch wenn man nichts hat. Auch wenn es nichts gibt. Windschiefe Puppen kann man kaufen. Sie sind aus alten Soldatenmänteln und Strumpfresten zusammengeschustert, nein geschneidert. Parfüm steht in den Schaufenstern, bunt, in hübschen Flakons. Zu hässlichen Preisen. Reizende Lampenschirme locken das Auge. Glühbirnen, Schnur und Stecker sind allerdings nicht dabei. Aber waren wir nicht früher schon der Meinung, dass praktische Geschenke nicht halb so viel Vergnügen machen? Drum auf, Freunde, beglückt einander mit handgemalten Stehlampen ohne Birnen. Da habt ihr endlich einmal was Unpraktisches. Oder wie wär's mit einer Nofretete aus echtem Gips? Ein findiger Mann hat die Schaufenster der Stadt mit der holden ägyptischen Königin förmlich überschwemmt. Wird sie sich nicht trefflich daheim ausnehmen? Wenn sie den dunklen Rätselblick durchs Fenster, an der wehenden Pappe vorbei, auf euer malerisches Trümmergegenüber richtet? Oder wollt ihr etwas noch Schöneres, noch Sinnigeres überreichen? In der Zeitung steht: „Dein geeignetes Weihnachtsgeschenk ist eine Groß- oder Klein-Lebensversicherung mit voller Auszahlung im Todes- und Erlebensfalle. Erhöhte Leistung bei Unfalltod." Wie wär's? Vielleicht in einer samtschwarzen Geschenkpackung? Ich wüsste auch eine passende Zeile drauf. Im Krieg kursierte der Reim: „Praktisch denken, Särge schenken." Das wäre doch eine geeignete Inschrift, nein?

Wem diese Musterkollektion entzückender Geschenke trotz allem nicht zusagen sollte, der muss ein paar Buden weitergehen. Vom Weihnachtsmarkt weg. Am Schwarzen Markt vorbei. Zum Schwarzen Weihnachtsmarkt hinüber. Ich weiß nicht genau, wo er liegt. Aber man braucht nur zu fragen. Die Berliner sind höflich.

Und es kennt ihn ja jeder. Nur, tu Geld in deinen Beutel. Und wenn du kein Geld hast, womöglich nicht mal einen Beutel, dann schenk das Letzte her, was dir geblieben ist: das letzte Lächeln, den letzten kräftigen Händedruck, das letzte gute Wort. Heraus damit. Weihnachten steht vor der Tür. Wir wollen ein Fest feiern, und ein Schelm gibt mehr, als er hat.

Erich Kästner

(geb. 1899 in Dresden – gest. 1974 in München)
Ob „Pünktchen und Anton“ oder „Emil und die Detektive“, die meisten Erwachsenen sind mit den Kinderromanen von Erich Kästner groß geworden. Heute erinnert man sich auch wieder an die satirischen Gedichte des vielfach ausgezeichneten Schriftstellers.

Kälte und Dunkel, Wärme und Licht

Advent. Vorgestern in Wien und gestern in München: Überall auf öffentlichen Plätzen Christbäume und die Geschäfte überquellend von „Weihnachts-Angeboten“ und die Christkindlmärkte auch. Advent: Zeit der Erwartung. Erwartet werden große Geschäftsgewinne. Mitten auf dem öden Wiener Christkindlmarkt kommt mir ein Mädchen entgegen, so eines mit langem hellblondem, gekräuseltem Haar, wie es Krippen-Weihnachtsengel hatten früher, und in einem langen blauen Gewand und in der Hand eine jener rosa Zuckerfadenwolken am Steckerl, und sie zieht im Gehen mit dem Mund Faden um Faden in sich hinein, verklärten Gesichts und ganz versunken und merkt nicht einmal, dass sie an mich stößt. Ich sage: Hallo! Sie wirft mir einen sanften Blick zu, einen leicht irren, als hätte sie eine Droge genommen. Aber wahrscheinlich war sie, noch nicht weit weg von ihrer Kindheit, vom Ariadne-Zuckerfaden geleitet, in diese Kindheit zurückgekehrt. Als ich Kind war, begannen am ersten Adventsonntag die „Engel-Ämter". Warum sie so hießen und nicht wie anderswo „Rorate-Ämter" (rorate coeli …), das weiß ich nicht, aber das Wort Engel wob Geheimnis, und mir war die Anwesenheit von Engeln bei diesen frühen Gottesdiensten fühlbar. Die Messe begann um sechs. Um halb sechs weckte mich mein Vater. Die Mutter schlief weiter. Vater hatte schon Feuer gemacht im Küchenherd, die Buchenscheite krachten. Das Waschwasser war eiskalt. Frühstück gab's keines. Im Backrohr lagen faustgroße Kieselsteine, die wir, wenn sie heiß waren, in unsre Manteltaschen steckten, daran wärmten wir unsre Finger. In der großen Kirche (in Übersee am Chiemsee) war's bitterkalt, geheizte Kirchen gab es damals nicht. Vater, in Halbhandschuhen, spielte die Orgel. Wir sangen „Tauet Himmel, den Gerechten, Wolken, regnet ihn herab". Vor den hohen Spitzbogenfenstern war's Nacht, entweder Schneegewölk oder das Firmament eisklar mit dem blau funkelnden Hundsstern, dem Winterstern, und wenn wir um halb sieben aus der Kirche kamen, begann die Morgendämmerung, und es war noch kälter als zuvor, und der Schnee knirschte, oder der schneelos gefrorene Boden klang hohl und hart unter unsern Tritten. Schweigend zerstreuten sich die frühen Beter, viele von ihnen hatten weite Wege zu den abliegenden Gehöften. „Bleib doch daheim", sagte der Vater mehrmals, „musst doch nicht jeden Tag in die Kirche gehen", und die Mutter sagte: „Wirst dich schon noch erkälten, dann vergeht's dir, das Kirchengehen so früh." Ich habe mich, glaube ich, nie erkältet, und das frühe Kirchegehen verging mir nicht. Es war mir wichtig und teuer. Wie hätte ich mich auf Weihnachten freuen können, wenn ich nicht zuvor den Advent durchgehalten hätte? Zuerst das Warten in Kälte und Dunkel und erst dann Wärme und Licht. Eins nicht ohne das andre. Warten war unerlässlich. Das Reis aus Davids Stamm wird nicht von selber blühen. Unsre Erwartung muss es herbeiziehen mit aller Kraft und Sehnsucht. Wie habe ich, ein nachdenkliches Kind, eigentlich Advent verstehen können als Zeit der Erwartung auf den Messias Jesus, da ich doch wusste, er war schon gekommen vor zweitausend Jahren? Natürlich wusste ich, dass „am Ende der Zeiten" dieser Messias wiederkommen würde, aber das lag weit weg, das meinte ich nicht mit Advent-Erwartung. Ich meinte viel näher Liegendes. Mein frühes Aufstehen und Frieren bedeutete für mich die Vorbereitung auf das Kommen des Messias zu mir. Als ich einige Jahre später bei einem der deutschen Mystiker las, Christus sei nicht geboren, wenn er nicht in unsern Herzen wieder und wieder geboren werde, verstand ich das sofort. Das war's, was mir der Advent bedeutete.

Eben, beim Nachlesen im „Schott" (dem alten Messbuch), finde ich als Lesung für den Quatember-

Mittwoch im Advent die Worte des Propheten Isaias: „… Sie werden ihre Schwerter in Pflugscharen umschmieden und ihre Lanzen in Sicheln. Nicht mehr wird Volk gegen Volk das Schwert erheben, noch wird man ferner üben für den Krieg!“

Luise Rinser

(geb. 1911 in Pitzling am Lech – gest. 2002 in Unterhaching bei München)
Luise Rinser war zunächst Lehrerin, bevor sie sich ganz dem Schreiben widmete. Der obige Text entstammt ihren Tagebüchern, die sie bereits zu Lebzeiten veröffentlichte.

Einsam am Heiligen Abend

Jedes Mal wenn Weihnachten kommt, muss ich an Herrn Sörensen denken. Er war der erste Mensch in meinem Leben, der ein einsames Weihnachtsfest feierte, und das habe ich nie vergessen können.
Herr Sörensen war mein Lehrer in der ersten Klasse. Er war gut, im Winter bröselte er sein ganzes Frühstücksbrot für die hungrigen Spatzen vor dem Fenster zusammen. Und wenn im Sommer die Schwalben ihre Nester unter den Dachvorsprung klebten, zeigte er uns die Vögel, wie sie mit hellen Schreien hin und her flogen. Aber seine Augen blieben immer betrübt. Im Städtchen sagten sie, Herr Sörensen sei ein wohl-

habender Mann. „Nicht wahr, Herr Sörensen hat Geld?“, fragte ich einmal meine Mutter. „Ja, man sagt's.“ – „Ja ... ich hab ihn einmal weinen sehen, in der Pause, als ich mein Butterbrot holen wollte ...“
„Herr Sörensen ist vielleicht so betrübt, weil er so allein ist“, sagte meine Mutter. „Hat er denn keine Geschwister?“, fragte ich. „Nein – er ist ganz allein auf der Welt ...“
Als dann Weihnachten da war, sandte mich meine Mutter mit Weihnachtsbäckereien zu Herrn Sörensen. Wie gut ich mich daran erinnere. Unser Stubenmädchen ging mit, und wir trugen ein großes Paket, mit rosa Band gebunden, wie die Mutter stets ihre Weihnachtspäckchen schmückte.
Die Treppe von Herrn Sörensen war schneeweiß gefegt. Ich getraute mich kaum einzutreten, so rein war der weiße Boden. Das Stubenmädchen überbrachte die Grüße meiner Mutter. Ich sah mich um. Ein schmaler hoher Spiegel war da, und rings um ihn, in schmalen Rahmen, lauter schwarzgeschnittene Profile, wie ich sie nie vorher gesehen hatte.
Herr Sörensen zog mich ins Zimmer hinein und fragte mich, ob ich mich auf Weihnachten freue. Ich nickte. „Und wo wird Ihr Weihnachtsbaum stehen, Herr Sörensen?“ – „Ich? Ich habe keinen, ich bleibe zu Hause.“
Und da schlug mir etwas aufs Herz beim Gedanken an Weihnachten in diesem „Zuhause“. – In dieser Stube mit den schwarzen kleinen Bildern, den schweigenden Büchern und dem alten Sofa, auf dem nie ein Mensch saß – ich fühlte das Trostlose, das

Verlassene in dieser einsamen Stube, und ich schlug den Arm vors Gesicht und weinte.
Herr Sörensen zog mich auf seine Knie und drückte sein Gesicht an meines. Er sagte leise: „Du bist ein guter kleiner Bub.“ Und ich drückte mich noch fester an ihn und weinte herzzerbrechend.
Als wir heimkamen, erzählte das Stubenmädchen meiner Mutter, ich hätte „gebrüllt“.
Aber ich schüttelte den Kopf und sagte: „Nein, ich habe nicht gebrüllt. Ich habe geweint. Und weißt du, ich habe deshalb geweint, weil nie jemand zu Herrn Sörensen kommt. Nicht einmal am Heiligen Abend …“
Später, als wir in eine andere Stadt zogen, verschwand Herr Sörensen aus meinem Leben. Ich hörte nie mehr etwas von ihm. Aber an jenem Tag, als ich an seiner Schulter weinte, fühlte ich, ohne es zu verstehen, zum ersten Male, dass es Menschen gibt, die einsam sind. Und dass es besonders schwer ist, allein und einsam zu sein an Weihnachten.

Herman Bang

(geb. 1857 auf der Insel Alsen – gest. 1912 in Ogden, Utah)
Herman Bang war der bedeutendste dänische Journalist seiner Zeit. Seine Romane und Novellen wurden dagegen zunächst wenig anerkannt. Heute gilt er als einer der führenden Vertreter des literarischen Impressionismus.

Schenken und Staunen

Wo man Geschenke verstecken kann

Im Keller hinter Kartoffelkisten,
im Schreibtisch zwischen Computerlisten,
in alten verstaubten Bauerntruhen,
in ausgelatschten Wanderschuhen,
auf Wohnzimmerschränken, in Blumenvasen,
ja, selbst in Bäuchen von flauschigen Hasen,
in Einzelsocken, ohne Loch,
und eine Möglichkeit wäre noch,
das Geschenk unter die Matratze zu legen.
Das ist nicht so gut der Bequemlichkeit wegen.
Der Toilettenspülkasten eignet sich nicht,
denn welches Geschenk ist schon wasserdicht.
Ob sperrig, ob handlich, ob groß oder klein:
Geschenkeverstecken muss einfach sein.
Das einzig Schwierige daran ist,
dass man das Versteck so leicht vergisst.

Regina Schwarz

(geb. 1951 in Bonn-Beuel)
Träumerin, Geschichtenerfinderin, Dichterin und Wortakrobatin – so bezeichnet sich die Kinderbuchautorin Regina Schwarz. Sie schreibt mit Vorliebe Gedichte, bei denen Wortspiel und Sprachwitz im Vordergrund stehen. Die Autorin lebt in Langenfeld.

In meinem Kinderland

Mein Kinderland ist die Eifel. Aber nicht die Eifel, die man heute kennt, und die „aufgeschlossen“ ist, die von Eisenbahnen allenthalben durchschnitten wird, auf deren Straßen die Autos rattern, an deren Hauptpunkten, den „Perlen und Sehenswürdigkeiten“, sich Hotels aufgetan haben, und die zu bereisen „schick“ ist, oder doch vor dem Kriege war.

Ach nein! Die Eifel meiner Kinderzeit wusste von alldem nicht das Geringste. Und wenn man einem alten Eifler hätte erzählen wollen, dass es einmal so werden würde, wie es heute ist, so würde er geglaubt haben, man wolle ihm was vorschwindeln, ja man hätte kaum so einen richtigen alten Eifler gefunden. Denn immer, auch mitten in der Eifel, fing sie erst im nächsten Dorf an –, hier war man noch nicht drin!

In tiefster Einsamkeit, in größter Abgeschlossenheit lag damals die Eifel. Keine Eisenbahn führte durch ihre Täler und Wälder, über ihre Hochflächen und weiten Heiden. 1870 war freilich schon die erste Eisenbahn zwischen Euskirchen und Trier gebaut, die aber das Gebirge längst noch nicht aufschloss. Öde, kahl und baumlos waren die weiten Hochflächen, raue Stürme brausten über sie hin und die Eifelwinter waren furchtbar streng. Neun Monate Winter und drei Monate schlecht Wetter sollte in der Eifel sein.

Das winzige Ackerstädtlein, in dem ich zur Welt kam, lag im fruchtbaren, schönen, waldigen und milden

Kylltal. Darum hatte es auch den ehrenden Beinamen: Eifelnizza! Aber wenn der Oktober kam, brausten auch hier die wilden Stürme und bogen die Pappeln um das alte Kloster, in dem ich geboren bin, und um das Haus meiner Großeltern, in dem ich meine Kinderzeit verlebte. Und wenn der Oktober da war, fiel der erste Schnee, und es dauerte nicht lange, so war er so hoch, dass, wenn wir morgens zur Schule mussten, erst ein Weg von der Haustür zum Hoftor geschaufelt wurde, und von da bis zu der Straßenmitte, wo die Männer, die schon früh auszogen, um einen Weg für die Post zu schaufeln, hergegangen waren. Wir kleinen Dinger tappten dann durch Schneehaufen, die so hoch waren wie wir selber, und unsere Füße in den dicken warmen Strümpfen und festen Schuhen wurden doch eiskalt. In der Schule aber wärmten wir sie dann wieder am gewaltigen Ofen, in dem dicke Buchenklötze brannten.

Im Dezember wurde es eisig kalt. Der Schnee wurde zu Pulver. Oft blitzte des Morgens die ganze Luft von Eiskristallen, und wir froren manchmal schrecklich trotz unserer Mäntel, Pelze und Kapuzen, wenn wir des Morgens fortgingen.

Dann war es noch dämmerig. Die Sterne funkelten am Himmel, und manchmal schien der Mond noch. Denn wir gingen ja so früh zur „Rorate“, zur Lichtermesse. Und das war so schön! Unbewusst fühlte ich den starken Zauber der Romantik, die sich um das von hoher Stadtmauer eng umgrenzte Nest wob, wenn ich aus unserem vor der Stadtmauer gelegenen Hause in die Morgendämmerung des Dezembers

kam. Wundervoll klangen die Glocken von der hohen Kirche, und man musste eilen, damit man zurecht kam zum Eingangslied, das man so gern mitsang, zum uralten Adventslied: „Tauet Himmel den Gerechten, Wolken regnet ihn herab".
Nach dem Evangelium sangen wir Schulkinder allein unsere sorgfältig eingeübten Lieder, und noch fühle ich die Schauer, die mich durchrieselten, wenn wir in dem Liede: „Wirst du noch lang, o Messias, verweilen, steigst du nicht bald aus den Wolken herab?", zur zweiten Strophe kamen:
„Schäfer der Fluren, habt ihr ihn gesehn,
Saht ihr ihn nicht, etwa ein himmlisch Gesicht,
Welches die Strahlen der Gottheit erhöhen,
Seht ihr den Heiland der Menschen denn nicht?
Hör, o Jehova, der Flehenden Rufen,
Und es erscheine bald himmlisches Licht."
Dann schienen alle Lichter heller aufzuflammen, und tröstlich ahnte man, wie durch ihren Schein hindurch, schon die Hirten auf dem Felde und den Stern von Bethlehem und die Engel, die die frohe Botschaft den „Schäfern der Fluren" verkündeten. So viel frohe Ahnung ging durch diese Adventszeit. Schon am 6. Dezember kam ja der Sankt Nikolaus, den wir zu gleicher Zeit liebten und fürchteten – liebten der guten Dinge halber, die er brachte, des Honigkuchens und des Spekulatius, der Äpfel und Nüsse willen – und fürchteten ob seines Begleiters, des wilden „Pelzebocks", der grässlich kettenrasselnd und brummend hinter dem heiligen Mann erschien. Aber Sankt Barbara im weißen Kleid und mit lieblich klin-

gendem Glöckchen tröstete dann wieder. Und wenn diese drei wie eine sehnlich und doch zaghaft erwartete Erscheinung vorübergegangen waren und nur die Straße hinab noch fern das Klirren der Ketten und das Klingen des Glöckleins klang und wir erleichtert aufatmeten, so war auch dies eine Hoffnung auf das Christkind. Ja, als wir längst wussten, dass der lange Bart des heiligen Mannes aus unserer alten Magd Flachsrocken gemacht war, dass des Pelzebocks Bekleidung die Rehdecke aus Großvaters Stube, die Kette eine höchst prosaische Kuhkette und das Silberglöcklein St. Barbaras unsere Tischglocke war, da spürten wir doch noch immer eine gehörige Erschütterung, wenn Nikolaus und Barbara und der Pelzebock auftraten. Und ich weiß nicht, soll ich die Kinder der Neuzeit, die von pädagogischen Eltern sorglich vor ihnen behütet werden, nicht bedauern, dass ihnen so herrliche Erlebnisse fremd bleiben?

Nun begann auch das, was man in der Stadt „Weihnachtstreiben“ nennt! Ach, wie oft habe ich mich im Gewühl und Weihnachtstrubel der Großstadt so unendlich gesehnt nach ein wenig von der zitternden begeisterten Ahnung aller Weihnachtsherrlichkeiten, die mich überkam, wenn ich meine Kinderstupsnase platt drücken durfte am Schaufenster eines der drei „Geschäfte“, die die ganze Umgebung meines Städtleins auf Stunden ringsum mit Handelsartikeln jeder erdenklichen Art versorgten.

Da brannten zwei Petroleumlampen und beleuchteten allerhand Spielsachen einfachster Art. Drin im Laden standen aber dicht vermummt die Bauernfrauen und konnten nicht zustande kommen mit der Auswahl unter den mehr als bescheidenen Herrlichkeiten. Ich aber hoffte, dass unser geliebtes Schaukelpferd, unser „Schimmel“, der seit ein paar Tagen verschwunden war, in großer Pracht und Herrlichkeit neu wieder erscheine. Ebenso wie unsere herrliche Küche mit neuen Töpfchen ausgestattet sein würde. Und wenn ich nur die Puppen betrachtete, so fühlte ich schon im Voraus die Wonne, dass meine alte Puppe hoffentlich einen neuen Kopf und ein herrliches neues Kleid bekäme!

Ach Gott, dies alles war ja zu schön! Wenn die Post vorbeifuhr mit so fröhlichem Traritrara, dass es fast sicher war, nun brachte sie die Weihnachtspakete aus der Welt draußen, die so fern war und so voll von halb geahnten Herrlichkeiten! Wenn es im Hause so geheimnisvoll wurde, wenn die Türen vom „guten Zimmer“ verschlossen waren und sogar das Schlüsselloch verhängt war. Wenn es so herrlich roch nach Zimt und Honig und Gewürz und dann nach frischem Gebäck!

Und wenn des Abends am Himmel ein feuriges Abendrot stand, der Widerschein aus dem Himmel, in dem ja jetzt das „Christkind backte“. All diese Hoffnung, all diese Seligkeit! Es schien uns so lang, so unendlich lang bis Weihnachten, ja als könne es nie kommen. Und dann war doch auf einmal seliger Abend und die letzte Stunde vor der Bescherung.

So still war es an diesem Abend in der Welt! Wir knieten am Fenster und spähten angestrengt in die Dämmerung, denn gleich musste sich ja da oben, wo die Abendröte so feurig brannte, der Himmel öffnen, und auf einem silbernen Strahl musste das Christkind herabkommen, das Christkind, das im Stalle zu Bethlehem gelegen hatte. Zum letzten Mal sangen wir: „Wirst du nicht bald, o Messias, erscheinen“, aber von Herzen waren wir nicht dabei. Denn wenn jetzt gleich die Glocken läuteten, alle, alle Glocken zusammen, dann läuteten sie ja das Christkind an! Und dann begannen sie zu läuten. In die feierliche erwartungsvolle Stille hinein klangen sie wie eine Riesenorgel, festlich und herrlich. Und wirklich, der Himmel öffnete sich, ganz genau sehen wir das, der Schein weht vorüber. Das Wunder ist geschehen. Dann musste unser altes Mädchen uns das uralte Weihnachtslied singen: Lasst uns das Kindlein wiegen, und zumal den zweiten Vers, der uns so sehr gefiel:

Lasst uns ein Feuerlein stocken,
Dem Kind ein Breilein kochen,
Tut auch recht viel Zuckerlein dran,
Dass das Kind es essen kann.

Aber in der letzten Reihe, da klingelte es schon – ganz fein und fern und leise – immer näher. Dann ganz nahe, vor der Tür, und wir stürmen nach der Weihnachtsstube. – Ach, so viel Licht, so viel Glanz, so viel Herrlichkeit!

Wie bescheiden war sie ja im Grunde, diese Herrlichkeit. Der gute alte Schimmel war freilich zum Rappen geworden mit prachtvollem feuerrotem Sattel und Zaum. Die Puppe hatte einen neuen Kopf und ein neues Kleid. Auch allerhand Nützlichkeiten waren da, und über alles warfen die Christbaumlichter jenen Schein, der der Verklärungsschein vom Himmel ist. Aber doch, wie rührend bescheiden war dies alles! Doch glücklichere Kinder wie wir gab es kaum auf der Erde an solchen Christabenden.

Immer war freilich der Abend viel zu kurz. Wir wurden früh ins Bett gesteckt, weil wir auch früh am Christmorgen herausmussten zur Mette. Es schien uns mitten in der Nacht zu sein, wenn wir geweckt wurden. Aber um keinen Preis hätten wir den Gang zur Mette und diese selber missen mögen. Durch dunkle Nacht ging's den rufenden Glocken, der lichterhellen Kirche entgegen. Ein schwankendes Laternchen zog uns voran. In allen Häusern war Licht, aus allen kamen die schwarz vermummten Menschen mit ihren Laternchen.

Hell war die Kirche, festlich dufteten die Tannen um Altar und Krippe, man vergaß Kälte und Frost, selbst Christbaum und Geschenke. Ganz zart, hell und sanft spielte die Orgel, sie wiegte ja das Kindlein in der Krippe. Eine ganze Weile dauerte das, dann setzte sie ein zum festlichen Vorspiel, und wir sangen alle: Ihr Hirten erwacht, vom Schlummer der Nacht – und danach: Es ist ein Ros' entsprungen. Fast wollte das Kinderherz springen vor Seligkeit. Und wenn ich mir etwas zurückwünschen könnte aus meinem Kinderland, so wäre es sicher dieser Augenblick, in dem tausend unbegriffene Gefühle zusammenflossen in dies eine.

Und dann nach Haus. Zu Festkuchen und Wärme und unter den Christbaum und zu all den wunderschönen Sachen. Zwei Feiertage vor sich, zwei freie

Tage mit all diesem zusammen! Und dann kam das Aller-, Allerschönste: Unterm Christbaum auf einem Schemel sitzen, die Puppe im Arm, den Gutsteller in greifbarer Nähe! Das Feuer flackerte im Ofen, es riecht nach Tannen und Wachs und Honigkuchen. Am Fenster schmelzen die Eisblumen, und das Buch wird aufgeschlagen, das neue, das die Eingangspforte ist zu tausend Herrlichkeiten, zu allem Wunderbaren, das es gibt in fernen Welten, und doch ganz nahe. Und mit seliger Andacht las ich: „Es war einmal …“ Ach ja: Es war einmal!

Luise Schulze-Brück

(geb. 1859 in Hillesheim – gest. 1918 in Lehmen)
Unterhaltsam und humorvoll sind die Texte der Schriftstellerin Luise Schulze-Brück. Doch nahm sie kämpferisch zu sozialen Fragen ihrer Zeit Stellung und setzte sich vor allem für die Gleichberechtigung der Frau ein. Ihrem „Kinderland“, der Eifel, blieb sie lebenslang verbunden.

Wie der Struwwelpeter entstand

„Habent sua fata libelli!“ „Bücher haben ihre Schicksale!“ und dies gilt in vollem Maße von dem kleinen bunten Hefte.

In den Jahren 1840 bis 1843 hatte ich sehr viel der poetischen Produktion gefröhnt und wenn auch meine Sachen nur einen bescheidenen Erfolg hatten, so muss ich doch gestehen, dass dies die glücklichsten Jahre meines Lebens waren. Ich hatte von je ein schlechtes Gedächtnis und kann noch nicht und konnte niemals nur vier Zeilen des von mir Geschriebenen im Gedächtnis behalten. Wenn ich nun ein Lied oder eine Ballade geschrieben hatte, so steckte ich das Blatt in die Westentasche, ging hinaus vor die Stadt, las und besserte mein Opus und hatte meine reine Herzensfreude daran.

Nun ließ ich im Jahre 1842 die Gedichte drucken und bei Sauerländer hier erscheinen. Ein paar gute Kritiken wohlwollender Freunde und ein sehr geringfügiger Absatz waren die Folge. Von Honorar konnte natürlich gar keine Rede sein. Ich aber pfiff und sang, skandierte und reimte fröhlich darauf los und war guter Dinge.

Im Winter nun versuchte ich mich mit einem etwas größeren Wurfe. Ich war nie ein Freund der systematischen Philosophie; Schelling hatte uns die Naturphilosophie gebracht, und als ich nun Hegels Naturphilosophie in die Hände bekam, da standen mir förmlich die Haare zu Berg; ich wollte dem Unsinn in aristophanischer Schärfe zu Leibe gehen und schrieb: „Die Mondzügler". Ich habe mir alle Mühe gegeben und mit viel Liebe daran gefeilt. Es ward hie und da gelobt, aber die Form ist keine für einen größeren Leserkreis. Ich musste, da ich ein Halbpartgeschäft mit dem Verleger gemacht hatte, schließlich etwa 80 Gulden Druckkosten zahlen. – Der Erfolg kommt immer da, wo wir ihn am wenigsten erwartet hatten. –

Wir hatten im Jahr 1843 die Wohnung an der Brücke verlassen und waren in das neu erbaute Haus des Ratsmitgliedes Herrn Ohlenschlager in der Nähe am neuen Mainquai gezogen. Anfangs bewohnten wir den ersten und dritten Stock des Hauses, später den zweiten und dritten Stock; es waren im ganzen 7 Stuben und Küche. Am 11. Dezember des Jahres 1844 nun schenkte mir meine Frau das zweite Kind, unsere Tochter Lina. Um diese Zeit wollte ich unserem Sohne Carl die Weihnachtsbescherung vorbereiten und suchte in den Buchläden nach einem Bilderbuch, wie es für einen solchen kleinen Weltbürger sich schicken mochte; aber alles, was ich da zu sehen bekam, sagte mir wenig zu. Endlich kam ich heim und brachte ein Heft mit, welches ich meiner Frau mit den Worten überreichte: „Hier habe ich, was wir brauchen." Verwundert öffnete sie die Blätter und sagte: „Das ist ja ein leeres Schreibheft!", worauf sie die Antwort erhielt: „Jawohl, aber da will ich dem Jungen schon selbst ein Bilderbuch herstellen!"
Ich hatte in den Buchläden allerlei Zeug gesehen, trefflich gezeichnet, glänzend bemalt, Märchen, Geschichten, Indianer-und Räuberszenen; als ich nun gar einen Folioband entdeckte mit den Abbildungen von Pferden, Hunden, Vögeln, von Tischen, Bänken, Töpfen und Kesseln, alle mit der Bemerkung 1/3, 1/8, 1/10 der Lebensgröße, da hatte ich genug. Was soll damit ein Kind, dem man einen Tisch und einen Stuhl abbildet? Was es in dem Buche sieht, das ist ihm ein Stuhl und ein Tisch, größer oder kleiner, es ist nun einmal ein Tisch, ob es daran oder darauf

sitzen kann oder nicht, und von Original oder Kopie ist nicht die Rede, von größer oder kleiner vollends gar nicht.
Das Kind lernt einfach nur durch das Auge, und nur das, was es sieht, begreift es. Mit moralischen Vorschriften zumal weiß es gar nichts anzufangen. Die Mahnung: Sei reinlich! Sei vorsichtig mit dem Feuerzeug und lass es liegen! Sei folgsam! Das alles sind leere Worte für das Kind. Aber das Abbild des Schmutzfinken, des brennenden Kleides, des verunglückenden Unvorsichtigen, das Anschauen allein erklärt sich selbst und belehrt. Nicht umsonst sagt das Sprichwort: „Gebrannter Finger scheut das Feuer."
Ich machte mich nun in freien Stunden ohne viel Vorbereitungen ans Werk, hatte aber leider nicht bedacht, dass die Arbeit viel Zeit und Mühe erforderte, und mehrmals verwünschte ich es, die Geschichte angefangen zu haben. Ich hatte zu den Versen und den Zeichnungen dieselbe Feder und dieselbe gewöhnliche Tinte benutzt; als ich nun an das Kolorieren ging, flossen die Konturen in die Farben. Nun, was tat es! Es musste fortgefahren werden! Damals hielt ich fest an dem Grundsatz: Begonnenes muss fertig gemacht werden! Ich hatte schon öfters im Leben unangenehme Folgen des Gegenteils an mir selbst erlebt. Die Bilder zeichnete ich leicht in flüchtiger Weise, und die kindlichen Verse fügten sich folgsam in kecken Reimen einer an den anderen, und so ward das Ganze fertig.
So ganz aus der Luft gegriffen war übrigens die Geschichte doch nicht, ein und das andere war doch auf

praktischem Boden aufgewachsen, so namentlich der Hauptheld. Als Arzt bin ich oft einem störenden Hindernis bei der Behandlung kranker kleiner Kinder begegnet. Der Doktor und der Schornsteinfeger sind bei Müttern und Pflegerinnen zwei Popanze, um unfolgsame Sprösslinge zu schrecken und zu bändigen. „Wenn du zu viel issest, kommt der Doktor und gibt dir bittere Arznei oder setzt dir Blutegel an!" Oder: „Wenn du unartig bist, so kommt der schwarze Schlotfeger und nimmt dich mit!" Was folgt dann? Sowie der Doktor an das Bett des kleinen Patienten tritt, weint, brüllt, schreit dieser mörderlich. Wie soll man da die Temperatur prüfen, wie den Puls fühlen, wie den Leib betasten! Stundenlang dasitzen und abwarten, bis der Tumult sich gelegt hat und der Ermüdung gewichen ist, kann man auch nicht!

Da nahm ich rasch das Notizbuch aus der Tasche, ein Blatt wird herausgerissen, ein kleiner Bube mit dem Bleistift schnell hingezeichnet und nun erzählt, wie sich der Schlingel nicht die Haare, nicht die Nägel schneiden lässt; die Haare wachsen, die Nägel werden länger, aber immer lässt er sich dieselben nicht schneiden, und immer länger zeichne ich Haare und Nägel, bis zuletzt von der ganzen Figur nichts mehr zu sehen ist als Haarsträhne und Nägelklauen. Das frappiert den kleinen Desperaten derart, dass er schweigt, hinschaut, und mittlerweile weiß ich, wie es mit dem Pulse steht, wie seine Temperatur sich verhält, ob der Leib oder die Atmung schmerzhaft ist – und der Zweck ist erreicht.

Als das Buch fertig war bis auf das letzte Blatt, da war auch mein Bilderschatz zu Ende. Was sollte ich nun auf dies letzte leere Blatt bringen? Ei nun, da setzen wir den Struwwelpeter hin! So geschah es, und deshalb stand dieser Bursche in der ersten Auflage des Buches auf der letzten Seite. Aber die Kinderwelt traf das Rechte und forderte das Buch einfach: „Ich will den Struwwelpeter!" Nun rückte das Blatt auf den Ehrenplatz vorn, und der frühere Titel machte dem jetzigen Platz. Also hieß es auch hier: „Die Letzten sollen die Ersten werden!"
Das Originalexemplar kam auf den Weihnachtstisch, mein Söhnchen hatte seine helle Freude daran. Nach einigen Tagen fand die Taufe des Mädchens statt, und da bekamen auch die eingeladenen Familienmitglieder des Vaters Wunderwerk zu sehen.
Nun hieß es hier: „Das musst du drucken lassen; das darf der Junge nicht, wie zu erwarten ist, in ein paar Tagen zerreißen!" Ich aber lachte und frug, ob man denn von mir erwarten könne, dass ich ein Kinderbilderbuchfabrikant werde.

Heinrich Hoffmann

(geb. 1809 in Frankfurt am Main – gest. 1894 in Frankfurt am Main)
Heulalius von Heulenburg und Reimerich Kinderlieb – unter diesen und anderen Pseudonymen veröffentlichte der Arzt Heinrich Hoffmann seine Kindergeschichten. Als Leiter der städtischen Irrenanstalt verwirklichte er fortschrittliche Ideen. Weltberühmt wurde er durch sein Buch „Der Struwwelpeter".

Chinesische Tassen und Zuckerwerk

Meersburg, den 26sten Januar (1842)
Wir haben jetzt seit drei Wochen feste Schneebahn hier, liebste Mama, und diese weiße Decke, die nicht wanken und weichen will, erinnert mich doch etwas an die Schweiz, obwohl es nicht sehr kalt dabei ist, ich glaube in den härtesten Tagen nicht zehn Grad; zuweilen kommen sogar ganz laue Winde, die bei uns Tauwetter bringen würden, hier aber immer eine neue Lage Schnee. Mit meiner Gesundheit geht es noch immer verhältnismäßig sehr gut, obwohl mich dieses Winterwetter etwas zurücksetzt ... Meine Spaziergänge habe ich bis vor acht Tagen regelmäßig fortgesetzt, seitdem ist es aber so glatt geworden, dass ich in einem Tage wohl 7–8-mal gefallen bin; nun habe ich mir die Terrasse vom Fasser reinfegen lassen und spaziere dort täglich einige Stunden, was mir, faut de mieux, auch recht guttut. Wir leben hier so still fort, sind gottlob alle gesund und jeder in seiner Art sehr fleißig. Laßberg (der diesen Winter fast gar nicht hustet und immer guter Laune ist) schreibt seine Manuskripte ab und bringt wirklich dicke Bücher zustande. Jenny plagt sich mit ihren Blumen und mit den Kindern, denen sie Lesen und Schreiben beibringt. Ich habe schon einen ganzen Wust geschrieben, August würde sich aber ärgern, wenn er hörte, dass es meistens Gedichte sind, von denen ich gegen Ostern wohl einen neuen dicken Band fertig

haben werde, während das „Westfalen“ nur langsam voranrückt.
Die Kinder sind auch fleißig beim Klavier, Lesen und Schreiben, ich glaube, wär im Ersten der Unterricht wie früher bei uns, so könnten sie schon mehrere Stückchen spielen …
Sie haben mir die schönsten Grüße gegeben an Dich, Westfalen, Marie, meine Alte und alle Hülshoffer, besonders Friedrich, und lassen fragen, ob die Köchin noch immer so böse Dinge sagt, dass sie den Hühnern den Hals abschneiden will!
Weihnachten war große Freude hier. Die Kinder wurden schon am Abend sehr reichlich und in den folgenden Tagen von allen Seiten so übermäßig beschenkt, dass es mich fast gereute, ihnen auch ein paar sehr hübsche Kleidchen von rotem Kattun gekauft zu haben, die sich ganz in dem Schwarm verlieren. Ein Ehepaar Burkhard, Millionäre aus Basel, die Laßberg diesen Sommer in Überlingen kennenlernte, schickte für Laßberg eine prächtige Kappe von schwarzem Samt, schwer mit Gold gestickt, für Jenny dito Pantoffeln mit Gold gestickt, für die Kinder ebenfalls Pantoffeln, auf rotem und blauem Samt mit Silber; ferner für jedes einen Atlasbeutel, blau mit Gold und rot mit Silber, voll der allerschönsten und teuersten Bonbons und endlich noch zwei Goldmünzen und einen Sedisvakanz-Taler von Zürich, auch für die Kinder. Stanz brachte ihnen allerliebste chinesische Tassen und wieder Zuckerwerk. Bruder Karl schickte Bilderbücher und sehr hübsche perlmutterne Stecknadelpolster, wie Fische geformt.

Hugh endlich seidene Schürzchen, sehr niedliche, gefaltete Krägelchen und einen ganzen Brast Spielsachen, Kühe, Hirsche, Schafe, alle möglichen Küchengeräte et cet. Am Weihnachtsabend hatten sie nun schon neue Mäntel bekommen. Merinokleider, Foulardtücher, Bänder, Puppen, ein Karussell, einen Papagei, Püppchen von Zuckerpappe, Schokolade et cet., die Laßberg hatte kommen lassen.
Wir andern wurden auch alle reichlich beschenkt. Laßberg bekam von Jenny gestrickte Unterjäckchen und ein rotes Käppchen, von mir ein Paar gestickte Pantoffeln und einen Sedisvakanz-Taler, von Schücking ein Exemplar seines Buches über den Kölner Dombau und von Liebenau sehr seltene griechische und römische Münzen und ein wertvolles Manuskript. Jenny von Laßberg ein schönes Merinokleid und ein Foulardtuch, von mir einen seidenen Sonnenschirm und ein Paar seidene Handschuh, von Schücking Freiligraths Gedichte. Ich von Laßberg ein schönes Mousseline-de-Laine-Kleid (braun-rot), von Jenny ein Umschlagtuch in der Art wie ihr eigenes, schwarz mit Blumen, und ein Paar warme Pantoffeln, von Schücking ein Pappkästchen. Schücking von Laßberg ein schönes englisches Perspektiv und viel Tabak, von Jenny zwei seidene Tücher und eine schwarze Atlasweste und von mir eine Zigarrenspitze. Du siehst, es ist brillant gegangen. Ich musste immer an Hülshoff denken und wie dem armen Werner und Line wohl bei der Bescherung zumute sein würde. Es ist gewiss für die beiden ein trauriges Weihnachten gewesen. Mir stand das gute selige Kind

auch immer vor Augen, und Jenny und ich haben fast von nichts anderem geredet, wie wir den Christbaum machten …
Nachmittags. Das Wetter ist heute so köstlich, dass ich mich wieder herausgemacht habe, und komme soeben von Deisendorf, halb blind von dem Widerschein der Sonne im Schnee, und todmüde, denn ich bin immer nur in einem Rutschen geblieben, aber doch ist mir frischer zumute, als wenn ich auf der Terrasse perpendikelt hätte. Heute Mittag war ein gelehrter Herr aus Koburg hier, ein Herr Fromann, der aussieht wie ein wunderliches altes Porträt mit über den Teller geschnittenen Haaren und daumendicken Augenbrauen, sonst, wie mich dünkt, eine gutmütige harmlose gelehrte Seele. Wir haben uns mit den Nibelungen zu Tische gesetzt und sind damit aufgestanden …
Adieu, liebste Mama. 1000 Grüße an alle, die Hülshoffer, meine Alte, Marie, Hermann, Liesbethchen. Ich küsse Deine lieben Hände.
Deine gehorsame Tochter Nette

Annette von Droste-Hülshoff

(geb. 1797 auf Burg Hülshoff bei Münster – gest. 1848 in Meersburg)
Das adelige Fräulein aus Westfalen ist eine der bedeutendsten deutschen Dichterinnen. Ihre intensive Naturlyrik („Der Knabe im Moor“) wirkt noch immer lebendig. Ein fröhliches Weihnachtsfest verbrachte sie 1841 bei ihrer Schwester und ihrem Schwager in Meersburg in Gesellschaft ihres engen Freundes Levin Schücking.

Ein Skizzenbuch voll Glück

Januar 1990. Man verschreibt sich noch oft auf den Schecks, aber es ist wirklich 1990. Das Jahr 2000 ist nicht mehr allzu weit. Unvorstellbar. Ich sehe mich um in unserem schönen New Yorker Wohnzimmer und registriere das, was noch übrig geblieben ist von Weihnachten. Ich habe sie noch nicht weggeräumt, die schönen Weihnachtsdekorationen, die wir jedes Jahr wieder herausholen. Sorgfältig verwahre ich sie in einem Wandschrank – für das nächste Jahr. Ich hänge an diesen Dingen, an den vergoldeten Engelchen, den winzigen Zwergen, den Kugeln, dem Lametta und den altmodischen Kerzenhaltern. Einen Weihnachtsbaum allerdings gibt es bei uns nicht mehr. Er macht uns zu viel Arbeit. Außerdem muss ich ihn nachher wegwerfen und dann liegt er irgendwo auf der Straße herum, oft bis in den Februar und den März hinein. Das macht mich immer ganz traurig, wenn ich diese abgearbeiteten Weihnachtsbäume auf den Straßen liegen sehe. Weihnachten in New York! Ich dekoriere meine hübschen Dinge an großen Tannenzweigen. Wenn ich die in die Mülltonne werfen muss, macht mir das keine so großen Probleme. Weihachten ist für mich immer noch verbunden mit meinen frühen Erinnerungen an die Festtage in Berlin und im Haus in Urfeld. Und auch daran, wie glücklich wir „vier Corinther“ dann waren. Weihnachten am Walchensee war etwas ganz Besonderes.

So wie man es sich wünscht und von den Postkarten her kennt: Schnee und Berge, weißgezuckerte Bäume. Aus Berlin brachten wir die feinen Zutaten für unser Festessen mit, wirklich herrliche Delikatessen. Aber da waren vor allem auch das köstliche Weihnachtsgebäck und die berühmten Dresdner Christstollen. Zwei riesengroße Exemplare waren es immer, die wir mit nach Urfeld schleppten. Und dann eine große Marzipantorte, die mein Vater jedes Jahr von einem Verehrer aus Königsberg zugeschickt bekam. Sie hat eine Geschichte: Corinth hat sie gemalt, in zwei Versionen. Das letzte Bild ist Weihnachten 1924, ein Jahr vor seinem Tod entstanden. Die Königsberger Marzipantorte gehört heute dem Landesmuseum in Münster. Was ihren Verzehr betraf, so gab es ein Ritual: Wir aßen sie nach dem Abendessen, manchmal aber auch zum Kaffee am Nachmittag.
Zum Weihnachtsfest fällt mir noch etwas anderes ein. Es war 1922, ich war dreizehn Jahre alt, und unsere Lehrerin in der Schule zeigte uns, wie man ein Buch selbst binden könne. Wir waren von dieser Idee begeistert, zumal sie uns damit die Möglichkeit aufzeigte, hübsche Weihnachtsgeschenke für unsere Eltern und Geschwister anzufertigen. Wir kauften billige Bücher, entfernten den Originaleinband, nahmen das Buch auseinander und lernten so, wie man die einzelnen Schichten Papier mit der Hand zusammennäht, dann klebt, schließlich den Rücken und den Deckel bastelt. Für all das hatten wir eine Handbuchpresse zur Verfügung, wie zu Gutenbergs Zeiten. Für den Einband benutzten wir ganz feines,

zartes Juchtenleder, für das wir unser Taschengeld opferten, oder auch selbst gebatiktes Papier. Ich war sehr stolz auf meine Arbeit und nahm die Geschenke für die Eltern nach Urfeld mit. Am Heiligen Abend überreichte ich meiner Mutter einen in grünem Leder eingebundenen Band von Hauffs Märchen. Sie hatte mir viele seiner Märchen erzählt.
Meinem Vater aber übergab ich sehr sinnig ein von mir in selbst gebatiktes Papier eingebundenes Skizzenbuch. Dabei hoffte ich, dass er es wirklich benutzen und nicht einfach verlegen würde, was ich fast befürchtete. Ich wollte einfach nur, dass mein Geschenk von ihm gewürdigt wurde. Aber Lovis dachte ganz anders darüber. Er benutzte dieses Skizzenbuch auf die entzückendste und liebevollste Weise, die ein Vater seiner kleinen Tochter nur zeigen kann. Damals vermochte ich das, was er da tat, in seiner ganzen Tiefe nicht zu erfassen. Mir hat die Bastelarbeit einfach nur großen Spaß gemacht. Ich habe lange das Skizzenbuch nicht beachtet. Vor zwei Jahren fiel es mir wieder in die Hände. Und als ich darin blätterte, ergriff mich eine große Liebe zu meinem Vater, der mir in den Kindertagen immer etwas fremd geblieben ist. War er doch so ganz anders als die Väter meiner Mitschüler, einfach großartiger, mit besonderen Kräften. Das fühlte ich immer. Ihm zuliebe nahmen Thomas und ich uns oft zusammen, waren nicht laut, brüllten nicht herum. Wir verhielten uns still, weil wir wussten, dass er in diesem Punkt sehr empfindlich war. – Äußerlich sah das Skizzenbuch nicht mehr schön aus. Es hatte in den Jahren gelitten.

Das Papier hat die leuchtenden Farben verloren, es ist braun und schrumpelig, an manchen Stellen eingerissen. Das Skizzenbuch lag viele, viele Jahre vergessen zwischen anderen Arbeiten Corinths. Als ich es entdeckte, hatte ich keine Ahnung mehr, um was es sich handelte. Ich drehte und wendete es, wunderte mich nur, wie hässlich es war, schließlich zupfte ich zögernd die Bänder auf. Dann sah ich die erste Seite, und hielt den Atem an. Langsam kam die Erinnerung an dieses Kindergeschenk von mir an den Vater zurück. Ich blätterte weiter. Innen ist das Zeichenpapier noch genauso fest und gut wie damals. Als ich die Zeichnungen betrachtete, war ich gerührt. Als wäre es erst gestern gewesen, zogen diese frohen Kindertage an mir vorüber. Ich sah den Vater hier oder dort auf der Terrasse vorm Haus stehen, immer bei der Arbeit, die Staffelei vor sich, den Pinsel in der Hand, oder eine schwere Kupferplatte mit der linken Hand gegen die Brust gepresst, in der rechten den scharfen Stift. Ich sah ihn auf der Kanzel, so nannten wir ein Grundstück, das von uns weiter entfernt, eine noch bessere Aussicht zuließ. Da stand er oft und ließ den Blick prüfend über See und Berge schweifen. Sicher dachte er bei solchen Gelegenheiten schon wieder an das nächste Bild.
Meine Mutter, Lovis' Petermann, war ein niemals wankender Halt. Lovis wusste genau wie wir, dass ihre Heiterkeit nichts trüben konnte, dass sie für jeden von uns einen Zuspruch parat hatte, wenn wir ihn brauchten. Hatte sie doch dieses Haus in Urfeld nur für ihn gebaut, damit er die Landschaft Bayerns,

den See, das Gebirge, in ihrer ständig wechselnden Schönheit verewigen konnte.
In jenem Winter, als er von mir das Skizzenbuch zu Weihnachten bekam, entstand eine Folge von zehn Radierungen: Der Walchensee.
Für uns Kinder war der Winter in Urfeld mindestens genauso schön wie der Sommer. Gleich hinter unserer Gartentüre führte der Weg hinauf zum Herzogstand. Wenn ich daran denke, höre ich noch unser fröhliches Lachen, sehe uns vergnügt im Schnee den steilen Abschneider hinaufkraxeln. Der große Bruder Thomas forsch voran, ich mühsam folgend. Endlich oben angelangt, setzten wir uns auf die Schlitten, die wir mit uns heraufgezogen hatten und schossen in rasender Fahrt in einer Viertelstunde hinunter. Zwei Stunden hatten wir uns hinaufgequält. Es waren glückliche Tage.
Und mein Vater hat sie auf diesen Seiten eines Kindergeschenkes festgehalten. Er hat sie unsterblich gemacht. Zum Inhalt des Skizzenbuches: Die erste Seite widmete er mir, schrieb „Weihnachten 1922 – Meiner Wilhelmine“. Ein Lebensalter, mein Lebensalter liegt dazwischen. Es war völlig Lovis Idee, die folgenden Seiten mit Menschen, Tieren und Erlebnissen zu füllen, die während dieser Winterwochen in Urfeld unsere Tage belebten. Er hielt unser tägliches Familienleben mit den kleinen Späßen und Spielen fest, die aus Schach-, Mühle- oder Kartenspielen um Pfennige bestanden. Jedes unserer Tiere ist auf diesen Seiten vertreten. Moro, der treue Airedale-Terrier, der in einer extra für ihn gezimmerten Kiste von Berlin

nach Urfeld mit uns gereist war. Er beherrschte ein Kunststück. Als wir ihn kauften, hatte uns sein früherer Herr gezeigt, was er konnte. Man hieß ihn sitzen, legte ein Stück Zucker auf seine Nase und sagte: „Es gingen drei Jäger wohl auf die Pirsch, sie wollten erjagen den weißen Hirsch, piff, paff, puff!“ Dann schnappte Moro das Stück Zucker. Wir wurden nicht müde, das Tier mit diesem Spiel zu beglücken. Und auch Lovis sah sich das schmunzelnd an. Er liebte Tiere. Und sie suchten zutraulich seine Nähe. Ich bin noch heute ganz stolz auf ein Foto, das ich als kleines Mädchen in Urfeld gemacht habe. Lovis sitzt auf der Terrasse vor dem Haus, zwei junge Katzen ruhen auf seiner Schulter und in seinem Arm und fühlen sich so richtig geborgen. Dieses Foto war übrigens in vielen bedeutenden Kunstzeitschriften veröffentlicht.

Wilhelmine Corinth

(geb. 1909 in Berlin – gest. 2001 in New York)
Die Tochter des Malers Lovis Corinth und seiner Frau Charlotte Berend-Corinth trat zunächst in die Fußstapfen ihres berühmten Vaters, der sie als Kind immer wieder gemalt hatte. Bekannter wurde sie jedoch als Schauspielern und Autorin. Der Text stammt aus ihrem Erinnerungsbuch „Ich habe einen Lovis, keinen Vater …“.

Feiern und Fröhlichsein

Weihnachtsabend

Bäume leuchtend, Bäume blendend,
Überall das Süße spendend.
In dem Glanze sich bewegend,
Alt und junges Herz erregend –
Solch ein Fest ist uns bescheret.
Mancher Gaben Schmuck verehret;
Staunend schaun wir auf und nieder,
Hin und Her und immer wieder.

Johann Wolfgang von Goethe

(geb. 1749 in Frankfurt am Main – gest. 1832 in Weimar) Frankfurts berühmtester Sohn, Deutschlands größter Dichter hat sich in seinem Werk selten mit dem Thema Weihnachten beschäftigt. Sein Gedicht „Weihnachtsabend" (hier die 1. Strophe) entstand 1822 und enthält eine der frühesten Erwähnungen des Weihnachtsbaums in der Literatur.

Wenn es dämmert

Wann begann eigentlich die Weihnachtszeit in unserem Pfarrhaus? Ich glaube, wenn Mutter die Adventskränze band. Zuerst den großen für die Kirche und dann den kleinen für uns. Wenn sie die schwarzen Samtdecken vom Totenfest abnahm und die roten auf Kanzel und Altar breitete und im Hausflur des Pfarrhauses den goldenen Stern aufhing – dann war

Weihnachten nicht mehr weit. Abends zogen die jungen Mädchen aus dem Dorf mit ihren Nähmaschinen in die warme Küche und nähten: Kinderhemdchen und Männerhemden für die Berliner Stadtmission. An anderen Abenden kamen die älteren Frauen aus dem Dorfe und schälten Äpfel, die im alten Backhaus auf Horden getrocknet wurden; andere strickten aus Schafswolle Strümpfe und Kopfschützer und Leibbinden. Mutter saß zwischen ihnen und stimmte Adventslieder an, und wenn es gar zu spät wurde, kam Vater aus dem Studierzimmer herunter und bot Feierabend. Wenn alles fertig war, wurden Pakete gepackt: Mit Wollsocken und Hemden, einem Stück Speck, einer Wurst, mit Honigkuchen, und in Notzeiten lag auch ein Brot darin oder ein Säckchen mit Erbsen, auch der Tannenzweig war nicht vergessen. Pakete für die Männer aus dem Dorfe, die im Felde standen, und nach dem Kriege Pakete für die Armen in den großen Städten.

Auf dem Boden des Pfarrhauses standen drei große Kisten. In einer waren Ständer und Schmuck für den Baum in der Kirche, in der anderen Krippe und Baumschmuck und die bunten Teller für unser Weihnachtszimmer und in der dritten lagen Engelsflügel und weiße Gewänder mit silbernen Borten, Stab und Stern der Heiligen Drei Könige und goldene Haarreifen. – Abends deklamierten Engel und Hirten und Könige ihre Verse im Hausflur unterm Adventsstern, sangen, nähten an ihren Gewändern, flüsterten und lachten, und oben lagen wir Kinder in unseren Betten und horchten.

Zwei Tage vor dem Fest brachte der Förster die Tanne für die Kirche. Mutter war überall und niemals zu finden. Eben stand sie noch auf der Treppenleiter in der Kirche und schmückte den Baum. Oder probte sie das Krippenspiel? Oder war sie etwa doch im Weihnachtszimmer? Wir Schwestern hockten mit unseren Handarbeiten hinterm Ofenschirm und flüsterten Gedichte und Strophen vor uns hin. Nur der Pfarrherr saß fern von Vorbereitungen und Geheimnissen in seiner Studierstube über der Weihnachtspredigt hinter Tabakwolken und Büchern und tauchte erst wieder auf, wenn es am Heiligen Abend dämmerte.

Wenn es dämmerte am Heiligen Abend! Wenn sich der Frieden der Heiligen Nacht über unser kleines Dorf breitete, wenn das Vieh versorgt war und das Sonntagskleid angezogen, wenn die Glocken läuteten, dann kamen sie in kleinen schwarzen Gruppen durch den Schnee gestapft in die Kirche, die so wunderbar verändert war: Holzscheite prasselten im eisernen Ofen, die Kerzen gaben ihren Duft dazu und auf dem Transparent des Altars leuchtete das blaue Kleid Marias, das Weiß der wolligen Schafe und der goldene Stern von Bethlehem. Mutters Engelschor sang „Vom Himmel hoch, da komm ich her" – und wenn Vater anhob, die Weihnachtsgeschichte zu lesen: *Es begab sich aber zu der Zeit, dass ein Gebot ausging vom Kaiser Augustus* –, dann ging ein Schauer des Glücks durch uns alle. Und während wir noch standen und das letzte Lied sangen, verlöschten die

Kerzen am Baume und die Kirche wurde dunkel, wie in allen anderen Nächten des Jahres.
Dann läutete im Weihnachtszimmer das Christkind und die Tür tat sich auf – ach, alles war anders als sonst: Zum Abendbrot gab es Holundersekt, den Mutter im Frühling selbst angesetzt hatte, und die Spielsachen durften mit ins Bett. Wir lagen und warteten, dass es Mitternacht wurde und die Weihnachtsglocken läuteten. Eine Stunde lang feiern bei uns die Burschen, schlagen mit ihren Hämmern an die Glocken und singen laut vom hohen Turm herab: Dies ist die Nacht, da mir erschienen des großen Gottes Freundlichkeit.
Am ersten Feiertag ging Mutter mit den jungen Mädchen zu den Alten und Kranken im Dorf. Vor dem Haus wurden die Kerzen am Tannenbäumchen angezündet und sie sangen „Fröhliche Weihnacht überall". Hinter den Türen wartete man schon auf sie. Das Bäumchen blieb zurück und ein Korb mit Bohnenkaffee und Würfelzucker, Kakao und Plätzchen und weihnachtlicher Liebe. Und so zogen wir in der Dämmerung des Abends singend von einem Ende des Dorfes zum anderen.
Auch heute noch liegt dieses Dorf in der Weihnachtszeit in tiefem Schnee in den weiten Wäldern Waldecks, aber aus mir ist längst eine Stadtfrau geworden, die ihren Weihnachtsbaum beim Händler kauft und im Flur keinen Platz hat für den goldenen Stern. Die Krippe aus unserem Pfarrhaus ist in einer Bombennacht verbrannt. Der Vater ist schon lange tot, wir nähen keine Hemden für die Berliner Stadt-

mission mehr –, aber wir packen in jedem Jahr ein Paket für ein unbekanntes, armes Kind und dieses Paket wird jedes Mal das schönste und größte, es bekommt keinen Absender und es geht nach Berlin. An unserem Weihnachtsbaum hängt für jeden, den wir lieb haben und der nicht bei uns sein kann, ein Stern. Vergangenes und Neues. Es ist schwer geworden, ein Weihnachtsfest zu feiern, das mehr Raum braucht als ein Zimmer und einen brennenden Baum und einen Gabentisch. Aber wenn wir zurückkommen aus der Lichterkirche und unsere Haustür aufschließen, dann spüren wir es, wie in dieser Nacht die Welt beschützt ist von einem unzerreißbaren Netz, gesponnen aus Fäden der Liebe, sichtbaren und unsichtbaren, aus Briefen und Päckchen, aus Gedanken, Erinnerungen und Gebeten.

Christine Brückner

(geb. 1921 in Schmillinghausen – gest. 1996 in Kassel)
Christine Brückner gehörte zu den erfolgreichsten Schriftstellerinnen der Bundesrepublik Deutschland. Vor allem ihre Romane „Jauche und Levkojen“ und „Nirgendwo ist Poenichen“ wurden durch Verfilmungen bekannt. Zu ihren zahlreichen Auszeichnungen gehört die Ehrenbürgerschaft der Stadt Kassel.

EIN WUNDERBARES PUPPENTHEATER

Wie es jedem Menschen ergeht, der in ältere Jahre kommt und Anlass hat, sich seiner Kindheit gern zu erinnern, so ergeht es auch mir, der ich, trotz der Strenge meines Vaters, eine sehr schöne Jugend verlebt habe.
Ganz besonders sind mir die Weihnachtsfeiern in der engeren und weiteren Familie heute noch eine der glänzendsten und schönsten Erinnerungen ungetrübter Jugendzeit. Wir wohnten bis zum Beginn der 70er Jahre, bis zu der Zeit, in welcher ich nach dem Ausland ging, in der Schnurgasse, also mitten in der Altstadt, die damals absolut noch das Gepräge soliden kleinbürgerlichen Lebens an sich trug. Man kannte die ganze Nachbarschaft nicht nur mit Namen, sondern man war, namentlich wir Kinder, mit deren Lebensgewohnheiten meist enger vertraut, als die Nachbarn selbst ahnen mochten.
Die Lage unserer Wohnung in der Nähe des Domes gewährte uns die Möglichkeit, an den hohen Festen das wunderbare Geläute des Pfarrturms aus nächster Nähe mit anzuhören, und es gab kein Fest, an welchem dieses Geläute mehr zu Vertiefung und zur Weihe der Stimmung beitrug als das Weihnachtsfest.
Als meine Geschwister und ich noch kleine Kinder waren, war uns das Schicksal insofern sehr günstig, als wir meist nicht weniger als fünf Weihnachtsbescherungen in der engeren Familie mitmachen durf-

ten, und zwar außer bei uns selbst: bei der Großmutter Funck, bei den Großeltern Hausser, bei Tante Schaub und bei Tante Reichert. Überall durften wir kleine Geschenke einheimsen, sodass wir am Schluss des Festes mit großem Stolz eine wesentliche Vermehrung unseres Vorrates an Spielzeug registrieren konnten. Der Großmutter Funck, die im ersten Stock des Hauses Schnurgasse wohnte, dessen zweiten und dritten Stock wir innehatten, gebührte das Vorrecht, am Heiligen Abend zu bescheren, und da der erste Feiertagabend meist bei den Großeltern Hausser zugebracht wurde oder auch bei Schaubs, blieb für uns nur der Morgen des ersten Feiertags zur Bescherung übrig. Das hatte für uns Kinder einen ganz besonders feierlichen Anstrich. Wir wurden früh 1/2 7 Uhr bereits aus den Betten geholt, weil mein Vater Wert darauf legte, die Bescherung während des von 7 bis 8 stattfindenden Geläutes abzuhalten. Er ließ dann ein Fenster öffnen, sodass wir den vollen tiefen und mächtigen Ton, namentlich der Carolusglocke, aus nächster Nähe hörten. Beschert wurde in der sogenannten „guten Stub", die nach der Schnurgasse ging und die natürlich 14 Tage vorher für uns das Ziel neugieriger Wünsche, indessen selbstverständlich nicht zugänglich war, und die alte Sage, dass das Christkind jedem, der es wage, durch das Schlüsselloch zu sehen, die Augen ausblase, hielt uns auch von jedem Versuch eines Vertrauensbruches zurück. Die „gute Stub" war das größte Zimmer in der Wohnung und präsentierte sich bei solchen Anlässen im Glanz der Lichter recht patriziermäßig.

Von all den vielen und schönen Geschenken, die unsere sonst sparsamen Eltern uns an Weihnachten zuteilwerden ließen, ist mir ganz besonders das Puppentheater, welches ja heute noch fast unversehrt in meinem Besitz ist, als das Schönste in Erinnerung geblieben. Wochenlang vor Weihnachten entfaltete mein Vater, wenn er noch so müde abends aus dem Geschäft nach Hause kam, in der guten Stube eine geheimnisvolle Tätigkeit, unterstützt von einem gewissen Schnepf. Dieser Schnepf, ein etwas missratener Theaterarbeiter, der zweifellos bei richtiger Behandlung ein außerordentlich brauchbarer und im bescheidenen Rahmen seiner Fähigkeiten fast genialer Mensch war, war meinem Vater bei dem Bau und der Einrichtung des Theaters behilflich. Aus einem verhältnismäßig einfachen, fertig gekauften Theater entstand allmählich ein geradezu wunderbares Puppentheater, wie ich es niemals vorher und nachher wieder gesehen habe. Die meisten Dekorationen (das Theater enthält deren vielleicht zehn bis zwölf) waren von A bis Z selbst angefertigt und von Schnepf gemalt. Dazu stellte er die wunderbarsten maschinellen Dinge her, zum Beispiel eine sich öffnende Höhle, in welcher in der Freischütz-Aufführung, eines unserer beliebtesten Stücke, Samiel erscheinen konnte. Des Weiteren, ebenfalls für die Wolfsschlucht bestimmt, ein Wasserfall, der in Bewegung gesetzt werden konnte, eine Schlange, ein Wildschwein, verschiedene Vögel, die alle über die Bühne liefen oder flogen, belebten die Wolfsschlucht-Szene in einer angenehmen und gruseligen Weise. Der Höhepunkt dieses Freischütz-Aktes aber war das Erscheinen des wilden Heeres, welches in der Luft vorüberraste – es waren lichtdurchlässige Figuren in einer Trommel, die hinter einem transparenten Hintergrund gedreht wurde – und dessen Erscheinung unter Donner, Blitz und Regen, alles aus selbst verfertigten kleineren Maschinerien stammend, vor sich ging. Für den letzten Akt war ein Baum unser Hauptstück, auf welchem die berühmte Taube, nach der Max schießt, sich elegant schwänzelnd hin und her bewegte. An kleinen Requisiten imponierte namentlich das Feuer, welches Kaspar zum Gießen der Kugeln in der Wolfsschlucht entzündete. Schnepf hatte die Gabe, alle diese Dinge mit den denkbar einfachsten Mitteln herzustellen. Einige Brettchen von Zigarrenkisten, etwas „Pappdeckel“, einige Stückchen Zinkblech genügten ihm vollkommen, die wunderbarsten Sachen anzufertigen. Eine bedenkliche Schwäche aber hatte dieses Genie und das war der Äpfelwein. Meinem Vater, der nicht immer stundenlang des Abends bei dieser Arbeit sein konnte, passierte es zwei- oder dreimal, dass er zurückkam und Schnepf nicht mehr antraf, weil dieser es vorgezogen hatte, zum Äpfelwein zu gehen. Resolut und in den Anschauungen eines aufgeklärten Despotismus, in denen mein Vater noch vielfach lebte, half er sich damit, dass er Schnepf, wenn er wegging, einfach einschloss, also eine Freiheitsberaubung im vollsten Sinne des Wortes beging. Durch ein etwas verstärktes Trinkgeld indessen war Schnepf gern bereit, auch hie und da eine Stunde Einzelhaft über sich ergehen zu lassen. Auch andere Stücke, wie beispiels-

weise Wilhelm Tell, mit dem Hut auf der Stange und ähnlichen Requisiten, waren komplett aufzuführen, ebenso Schneewittchen, in welchem der Höhepunkt die Niederstellung des Glassarges in einer prachtvollen Winterlandschaft war.
Mein Vater, der selbst eine außerordentliche Freude an dem Puppentheater hatte und der mit einer rührenden Genauigkeit jede Seitenkulisse, jede Luftwolke und alles, was zu dem Theater gehörte, mit eigenhändigen Bemerkungen auf der Rückseite versah, war mehrere Jahre darauf bedacht, jeweils an Weihnachten ein neues Stück „herauszubringen". Das letzte mit großartiger Maschinerie versehene Stück war das Käthchen von Heilbronn. Das brennende Schloss und die zusammenstürzende Brücke, die allerdings im entscheidenden Moment häufig in der Luft hängen blieb, machten dieses Stück zu einem von uns ganz besonders bevorzugten.
Unvergesslich blieb uns bis heute die Aufführung der Wolfsschlucht-Szene des Freischütz an dem ersten Weihnachtsabend, an welchem wir das Theater erhielten. Mein Vater hatte sich zum Helfer bei der Vorstellung einen unserer ältesten biederen Magazinarbeiter, Balzer Braun, einen Sachsenhäuser von echtem Schrot und Korn, mitgebracht und ihn, wenigstens nach meiner heutigen Überzeugung, mit unsagbar großer Mühe als stummen Mimen ausgebildet. Balzer musste donnern, blitzen, regnen, er musste ebenfalls, ein Gegenstand unseres Stolzes, den Mond aufgehen lassen, er musste den Wasserfall in Bewegung setzen, wobei es anfangs passierte, dass das

Wasser bergauf lief, kurzum, er musste zu den Texten, die von meinem Vater mit möglichst fürchterlicher Stimme vorgetragen wurden, wie: „Milch des Mondes fiel aufs Kraut“ usw., seinerseits all den Höllenlärm vollführen, der mit dieser Szene verbunden ist. Es war selbstverständlich, dass dieses Puppentheater sofort einen Ruf in der engeren und weiteren Familie erlangte und dass Vettern und Kusinen und alles, was nur einigermaßen einen wenn auch entfernten Verwandtschaftsgrad auftreiben konnte, der zum Besuch unserer Weihnachtsstube berechtigte, ankam, um dieses Theater zu besichtigen, und wir durften uns mit berechtigtem Stolz als die Besitzer eines Werkes betrachten, welches die Aufmerksamkeit und das Interesse, vielleicht aber auch teilweise den Neid unserer Besucher im hohen Maße erregte.

Da wir aber aus den Kinderzeiten unseres Vaters noch ein älteres Puppentheater besaßen, welches Großmutter Funck uns eines Tages schenkte, und da der Zufall wollte, dass wir auch bei Reicherts ein kleines, allerdings sehr einfaches Theater Mitte der 60er Jahre als Geschenk erhielten, waren wir eine Zeit lang die glücklichen Besitzer mehrerer Bühnen. Meine Eltern indessen, von der richtigen Voraussetzung ausgehend, dass bei dem damals von uns leidenschaftlich betriebenen Theaterspiel das Kunstwerk des selbst angefertigten Theaters bald zu empfindlichem Schaden kommen möchte, nahmen dieses jedes Mal nach den Weihnachtsferien wieder fort und überließen uns nur die einfachen beiden Bühnen zur täglichen Benutzung.

Außer der Schauspielerei war eine besondere Liebhaberei von mir das Spiel mit Bleisoldaten, von denen ich im Laufe der Zeit ganze Armeen konsumierte, und ich erinnere mich noch eingehend einer Weihnachtsfeier anfangs der 60er Jahre, an welcher Onkel Georg Hausser, der damals als österreichischer Hauptmann in Venedig in Garnison stand, zu Besuch da war und mir half, große Schlachten (Solferino und Magenta) aufzustellen. Die Erwerbungen, die ich damals in der Kriegswissenschaft machte, kamen mir später, als ich gemeinsam mit Carl Schaub das Soldatenspiel zu einer nie geahnten Höhe emporhob, außerordentlich zustatten. Meine Schwester Auguste, die zweifellos zu dieser Zeit lieber mit ihren Puppen und ihrer Puppenstube sich befasst hätte, musste sehr häufig zwangsweise mit an dem Puppentheater tätig sein – wenn ich mich nicht gerade herabließ, mit an der Puppenstube tätig zu sein und namentlich Gespenstererscheinungen hinter deren Fenster zu mimen —, bei welchen Gelegenheiten wir sogenannte „Koppstücker“ aufführten, die fast noch schöner und für uns jedenfalls weitaus interessanter waren als die kleinen gedruckten Theaterbüchelchen. Die große Sorge und Gewissenhaftigkeit, mit der wir, angehalten durch unsere Eltern, sämtliches größeres Spielzeug behandelten, hat es uns ermöglicht, u. a. auch einen äußerst primitiven, aber nach unserer damaligen Auffassung sehr gemütlichen Kaufmannsladen bis in die heutige Zeit unversehrt zu erhalten. Er stammt ebenfalls aus der Jugendzeit meines Vaters, war ein Geschenk der Großmutter Funck für mich und ist gleichfalls noch in meinem Besitz. Die Hauptsache war natürlich, dass der Laden, der auch nur an Weihnachten erschien, jedes Mal frisch gefüllt war, wobei mit Quittenpaste gefüllter Schinken mit Schokoladeguss und ähnliche feine Dinge eine große Rolle spielten. Da mein Vater mit Rücksicht auf unsere Mägen uns das Verzehren alles „Weihnachtsgebäckes“ usw. nur in mäßigen Dosen gestattete, konnten wir nicht, wie das zum Beispiel bei Schaubs der Fall war, gleich am ersten Weihnachtstag eine radikale Generalplünderung des Kaufmannsladens vornehmen, was wir selbstverständlich am liebsten getan hätten. Aber auf ein gewisses Raffinement waren wir doch verfallen. Den großen Schinken von Quittenpaste mit Schokoladeguss höhlten wir innerlich so aus, das nur noch die Rinde von Schokoladeguss übrig blieb und es war dann die Aufgabe desjenigen, der sich an dem Laden zu schaffen machte, bei der Annäherung unseres Vaters derart geschickt zu operieren, dass er nicht etwa auf den Gedanken kam, den Bestand des Schinkens einer Revision zu unterziehen.

Die Vorbereitungen zur Weihnachtszeit hatten bei dem damaligen ziemlich kleinstädtischen Getriebe, soweit uns unsere Mutter an denselben teilnehmen ließ, einen sehr gemütlichen Charakter. Der Lieferant der Wachslichte, Bräutigam, Ecke Schnur- und Borngasse, der Schokoladelieferant Martinelli, der ebenso wie der Lebküchler Kahlo in der Borngasse wohnte, waren uns alle vertraute Nachbarn, die als Weihnachtslieferanten in ganz besonderer Gunst standen.

Eine gewisse Qual verursachte uns zu der Zeit lediglich der Gedanke an die Ausführung des Weihnachtsstückes, welches wir auf dem Klavier zu erlernen hatten. Trotz wochenlangen Übens, welches den Eltern die Kenntnis des Stückes, das doch für sie eine Überraschung sein sollte, in geradezu unerträglicher Weise zu Gehör brachte, versagte unsere Kunstfertigkeit vielfach bei der Ausführung. Damals waren sogenannte Salonstücke noch sehr im Schwung, die möglichst viel brillante Kadenzen und ähnlich schikanöse Einrichtungen für den Ausführenden enthielten, und wir waren immer froh, wenn der schreckliche Augenblick, in welchem wir ans Klavier mussten, vorüber war.

Carl Funck

(geb. 1852 in Frankfurt am Main – gest. 1918 in Frankfurt am Main)
Carl Funck war Lederhändler und Politiker. In dieser Eigenschaft war er unter anderem Mitglied des Reichstags für die liberale „Deutsche Freisinnige Partei“. Sein Lebenswerk lag jedoch hauptsächlich in der kommunalen Arbeit. Der Text ist seinen „Lebenserinnerungen“ entnommen.

DAS WEIHNACHTS-ESSEN

Es war die letzte gemeinsame Mahlzeit, die wir im Dezember 1945 einnahmen. Ab nun – so hatte es die Baronin und Gutsherrin angeordnet – sollte jede Familie für sich kochen. Der Grund: Frau Lechmann, eine der Flüchtlingsfrauen, hatte klammheimlich das Gewicht einiger fertig zubereiteter Bouletten auf der Briefwaage überprüft und für zu knapp befunden. Das hatte die Baronin bemerkt, und obwohl sich Herr Lechmann für das Verhalten seiner Frau entschuldigte, machte sie kurzen Prozess. Fräulein Lechmann hingegen hielt zur Baronin, führte seit Jahren die Gutsküche und nur deshalb hatten die Eltern hier ihr Unterkommen gefunden.

Frau Milckau mischte sich nicht ein, war still und bescheiden, froh, wenn sich niemand über die Tischmanieren ihrer drei ständig schmatzenden Söhne beschwerte. Ich weiß nicht mehr, ob sie mit der Baronin verwandt war oder nur ihre Männer im gleichen Regiment standen. Frau Milckau stammte wie mein Mann und ich aus dem Osten, war aus Freiburg in Schlesien, was sie betonte und nicht mit Freiburg im Breisgau verwechselt haben wollte. Der baltische Graf, der Name ist mir entfallen, hatte seit dem Verlassen seiner Heimat den weitesten Weg hinter sich gebracht. Zuerst, so berichtete er, war er bei einer Verwandten im Thüring'schen untergekrochen. Aber als sich die Amerikaner im Sommer des Jahres zurückzogen und das Land von den Russen besetzt wurde, hatte sich der Graf abermals auf und davon gemacht. Ohne jegliches Gepäck soll er gekommen sein, in der Hand nur ein Netz mit heimatlichen Saatkartoffeln, die er, ob der hervorragenden Qualität, für sein Kapital hielt. Aber niemand wollte sie haben, zumindest nicht für den Preis, sie zu pflanzen, die Ernte mit dem Grafen zu teilen, wiederum zu pflanzen, abermals zu teilen und so fort. So blieben dem Grafen seine Saatkartoffeln, von denen niemand wusste, wo er sie aufbewahrte, erhalten. Auch wenn Frau Lechmann das Gerücht schürte, er hätte sie längst aufgegessen, kam der Graf immer wieder darauf zu sprechen. Er behauptete sogar, die Baronin hätte ihr Interesse an seinen Kartoffeln bekundet, denn schließlich habe sie ihn hier aufgenommen und damit auch das seltene Saatgut im Haus.

„Wenn wir es nicht wären", hatte die Lechmann als Antwort parat, „hätten die Behörden der Baronin andere Flüchtlinge ins Haus gesetzt." Mit seinen ollen Kartoffeln habe das jedenfalls nichts zu tun.

Unrecht hatte die Lechmann nicht, aber den alten Grafen kränkten derartige Äußerungen, mit denen Frau Lechmann unterschiedslos alle Flüchtlinge über einen Kamm schor. Frau Milckau hatte das Gespräch mitgehört und eilends der Baronin wiedererzählt. Missstimmung trat auf und hatte zur Folge, dass die Gemeinschaftsverpflegung endgültig eingestellt wurde.

Bisher hatten mein Mann und ich mit unserem vier Monate alten Sohn, der acht Tage vor meinem zwanzigsten Geburtstag zur Welt kam, in einem Zimmer gewohnt. Jetzt bekamen wir ein weiteres Zimmer, in das ein rostrot gestrichener eiserner Küchenherd gestellt wurde, auf dem ich kochen sollte. Seit dem Einzug auf dem Gutshof hatten wir dankbar von dem Angebot Gebrauch gemacht, am Tisch der Baronin mitessen zu dürfen. Damit war's jetzt vorbei, dafür hatte die Lechmann gesorgt.

Während der Henkersmahlzeit wollte so recht kein Gespräch aufkommen. Der baltische Graf und ich aßen uns satt. Beide des Kochens unkundig, wussten wir nicht, was wir anderntags jeder auf seinem Herd zusammenschmurgeln würden. Was wir jetzt auf den Tellern hatten, schmeckte in jedem Fall besser. Hingegen ließ der Appetit von Frau Lechmann zu wünschen übrig, und sofort geriet Fräulein Lechmann bei uns anderen in den Verdacht, ihrer Mutter heimlich Besseres zuzustecken. Oh du fröhliche, gnadenbringende Weihnachtszeit, wir wussten Bescheid. Die Baronin, vom eigenen, kurzfristigen Entschluss bedrückt, uns Flüchtlinge nicht mehr zu beköstigen, war um Ausgleich bemüht. Sie wies Fräulein Lechmann an, jedem von uns ein Schüsselchen Mehl, zwei Eier und etwas Milch zu geben. Für das Fett, so sagte sie, und für den Zucker müssten wir selbst aufkommen, wollten wir einen Kuchen backen. Der alte Graf wog sein Schüsselchen mit Mehl und Eiern in der Hand, sah von Frau Lechmann zu Frau Milckau, von der zur Baronin und dann zu mir.

„Hier", sagte er vertrauensvoll lächelnd, „ich gebe Ihnen meine Ration. Backen Sie für mich mit, ich habe

sogar noch Margarine für Sie." Ich bedankte mich höflich, und mein Mann lud den baltischen Grafen ein, den Weihnachtsabend bei uns zu verbringen.
Der Vormittag des Weihnachtstages verlief nicht anders als andere Tage auch. Ich war nicht traurig. Dankbar, mit Mann und Kind eine dauernde Bleibe gefunden zu haben, stellten wir keine weiteren Ansprüche, kümmerten uns nicht einmal um einen Baum und bemühten uns, keine Erinnerungen an früher aufkommen zu lassen. Das war leichter gesagt als getan. Die für jede Weihnachtszeit typische Hektik blieb auch in diesem Haus und in diesem Jahr nicht aus. Überall wurde geputzt. Aus Frau Lechmanns Küche roch es nach frischen Plätzchen, dass einem das Wasser im Mund zusammenlief. Die Milckau-Söhne mühten sich im Treppenhaus mit der Fertigstellung eines Vogelhäuschens ab, das sie ihrer Mutter am Abend schenken wollten. In der Gutsküche wurden zwei Hühner gerupft, und die Baronin teilte ihren Christbaumschmuck unter allen Hausbewohnern auf, wobei ihr der baltische Graf behilflich war, das gebrauchte Lametta entknotete und mit dem Daumennagel glatt strich.
„Für Sie", sagte die Baronin und überreichte mir einen Schuhkarton mit Kerzenhaltern und Kugeln, „wer Kinder hat, bekommt mehr!"
„Aber wir haben keinen Baum", antwortete ich verlegen. „Keinen Baum?" Die Baronin betrachtete das Kind auf meinem Arm und schüttelte den Kopf, schon bereit, den Weihnachtsschmuck wieder einzukassieren, da fuhr der baltische Graf dazwischen.

„Den Baum zu besorgen übernehme ich“, sagte er und fing sich einen skeptischen Blick der Baronin ein, deren Wald knapp fünfhundert Meter vom Gutshaus entfernt lag.
Am Nachmittag fuhr mein Mann ins Dorf, um, die Feststimmung nutzend, Fleisch zu organisieren. Als Tauschware nahm er Zigaretten mit, die wiederum gegen Seife getauscht worden waren, von der ich nicht mehr weiß, wo er sie herhatte. Kaum war ich allein, klopfte es und der baltische Graf stand vor der Tür, in der einen Hand ein Stück Margarine, in der anderen ein Tännchen. Mit einem Blick erfasste ich die Armseligkeit des Bäumchens, die Krümmung des Stammes und die auf der einen Seite fehlenden Zweige. Ehrlich gesagt, dieser mickrige Baum machte mir wenig Freude. Ich wollte ihn nicht. Aber der Graf, stolz auf die Tatsache, erstmals geklaut zu haben, nahm von meiner Enttäuschung keine Notiz. Einmal zum Diebstahl fest entschlossen, hatte er sich über die Vorahnungen der Baronin hinweggesetzt und die Tanne im nahe gelegenen Wald abgeholzt. Jetzt drängte er an mir vorbei in die Wohnung. Noch nie hatte ich den Grafen so lebhaft gesehen, so geschäftig. Ich musste ihn bitten, leise zu sein, um meinen Sohn nicht zu wecken. Also suchte er flüsternd einen Platz für den Baum, stellte ihn in einem Kochtopf so geschickt in die Ecke, dass sich die fehlenden Zweige als günstig erwiesen. Mithilfe eines Zwirnfadens und einer Reißzwecke wurde ein Kippen des Baumes verhindert, das Schmücken konnte beginnen. „Lametta“, sagte der Graf, „möglichst viel Lametta. Bei uns

zu Hause hing es in fingerdicken Bündeln von den Zweigen."
„Bei uns", erwiderte ich langsam, „bestrafte mein Vater das Klauen von Christbäumen mit Geld."
„Natürlich – wenn man erwischt wurde", stimmte der Graf zu. Ich machte mich jetzt an die Kugeln, zog fehlende Fäden durch die Ösen oder kratzte das Wachs vom Vorjahr ab.
„Haben Sie Angst gehabt, von der Baronin ertappt zu werden?" Der Graf winkte ab, meinte, gemessen an dem, was sie besäße und wir nicht, sei diese Tanne nicht der Rede wert. Ein Standpunkt, gab ich zu bedenken, den wohl die Weihnachtsbaumdiebe im Forst meines Vaters und dem des Grafen auch vertreten hätten.
„Immerhin", sagte der Graf nach einer Pause, „der Baum hier wäre jeder vernünftigen Durchforstung zum Opfer gefallen."
„Unsere Leute", muckte ich plötzlich auf, „die klauten, wenn sie klauten, nur das Beste vom Besten."
Nicht dass der Graf beleidigt war, aber seine Stimmung ließ nach, und er sah traurig aus. Erst als mein Sohn, vom Nachmittagsschlaf aufgewacht, dem bunt geschmückten Bäumchen zujauchzte, wurde der alte Herr wieder besserer Laune. „Na also", sagte er und wiederholte, „na also." Ich bereitete den Teig für den Kuchen und heizte den Ofen.
Nach Einbruch der Dunkelheit kam mein Mann aus dem Dorf zurück und legte drei Schweineschnitzel auf den Tisch. Der Graf und ich waren sprachlos. Keiner von uns konnte sich darauf besinnen, wann

er zuletzt ein Schnitzel gegessen hatte, und bis zum Abend steigerte sich unsere Stimmung zur Ausgelassenheit.

Der baltische Graf, ganz perplex, dass auch ihm eines der Fleischstücke zugedacht war, ließ sich nicht lumpen, verschwand in seinem Zimmer und kam mit einem Netz voll Kartoffeln wieder zurück. „Das sind sie“, flüsterte er, als ob der Kleine noch schliefe, und reichte mir die schrumpeligen Knollen über den Tisch, „meine Kartoffeln, mein Kapital, wie Sie wissen.“

Ich sah mir die welken Erdfrüchte an, die Flecken der abgepulten Augen, fühlte die Nachgiebigkeit unter der Schale, bedankte mich aber und setzte letztes Hab und Gut des baltischen Grafen mit Wasser und Salz auf das Feuer.

Die Schnitzel? Ich hatte noch nie in meinem Leben Schnitzel gebraten. Als schlesische Landwirtstochter wusste ich zwar mit Pferden und Traktor umzugehen, nicht aber mit dem Kochlöffel. Also schlüpfte ich hinüber in die Gutsküche, um dort zu erfragen, wie das kostbare Fleisch zuzubereiten sei. Frau Lechmann ging hier der Tochter zur Hand, wischte den Boden und machte sich nützlich.

„Schnitzel“, fragten beide wie aus einem Mund, „richtige Schnitzel?“ Ich bejahte verlegen und bat um ein Rezept.

„Würzen“, sagte Lechmann betont sachlich, „und auf jeder Seite zwanzig Minuten braten!“

Dankend und ein gesegnetes Fest wünschend, verließ ich Mutter und Tochter.

Der Kuchen war bereits im Ofen, der baltische Graf trug den Kleinen auf dem Arm, zeigte dem Kind Kugeln und Kerzen, vor allem aber Lametta, das in breiten Strähnen von den mageren Zweigen hing. Bald würde der Kuchen fertig sein. Die Kartoffeln waren schon gar, mussten abgegossen werden, um auszukühlen, denn wir wollten sie braten. Gegen meinen Willen stimmte ich nun doch ein Weihnachtslied an, das Kind und die Männer hörten zu.

Nach der vorgeschriebenen Backzeit sah ich in den Ofen. Der Kuchen hatte sich nicht gehoben, blieb kompakt und lehmartig in der Form sitzen und versprach weder locker noch leicht zu werden. Ich gab ihm weitere zehn Minuten Hitze. Nun zeigte er tiefe Bräune und war kaum aus dem Blech zu lösen, lag schließlich rund, warm und schwer in meiner Hand, zum Werfen eher geeignet als zum Essen. Ich hatte das Backpulver vergessen.

„Macht nichts", sagte der Graf und zwang meinem Mann ein Lächeln ab, „aus Schaden wird man klug."

Ich machte mich an die Zubereitung der Schnitzel, die Bratkartoffeln schmorten bereits in der Pfanne. Ich mischte Talg, Margarine und ein Löffelchen Butterschmalz, ließ das Fett heiß werden und legte das Fleisch hinein. Was für ein Duft. Vergessen war die Heimat, die Christbäume, die geklauten und die eigenen, der verdorbene Kuchen. Wir dachten nicht mehr an Traditionen und Bräuche, wir hatten nur noch Appetit.

Mein Mann deckte den Tisch und der Graf zündete die Kerzen an. Stille und Heilige Nacht, die ers-

ten zwanzig Minuten waren rum. Der Geruch des Fleisches hatte an Schärfe zugenommen, die Größe hingegen schien um die Hälfte kleiner geworden zu sein. Ich war einem bösen Scherz auf den Leim gegangen. Nicht nur der Kuchen, auch das Fleisch war jetzt ungenießbar, lag sohlenförmig und schwarz in der Pfanne. Mein Mann riss die Fenster auf, nicht bereit, mich zu trösten. Ich heulte vor Scham und Zorn, bis der Graf endlich Worte des Zuspruchs fand.
„Noch bleibt uns mein Kapital", sagte er, ging zum Herd, holte die Bratkartoffeln und teilte sie redlich in drei Teile.

Leonie Ossowski

(geb. 1925 in Röhrsdorf)
Mit ihren Romanen und Jugendbüchern macht Leonie Ossowski auf gesellschaftliche Themen aufmerksam. Sie will Verständnis für jugendliche Randgruppen wecken und hat lange als Sozialarbeiterin und Bewährungshelferin mit ihnen gearbeitet. Bekannt wurde unter anderem ihr Jugendroman „Die große Flatter".

Glauben und Wissen

Der Weihnachtsstern

Mögt ihr auch in die allerfeinste Ferne,
die flimmernde, des Weltenraumes spähn,
ihr könnt nur Sterne, immer neue Sterne,
doch nirgends könnt ihr meinesgleichen sehn.

Ich komme aus der andern Welt und Zeit
zufolge Gottes deutender Gebärde
und ziehe über Bethlehems Gebreit
und über all die Traurigkeit der Erde.
Denkt nicht, ich wäre schon, ich selbst, das Licht.
Das Licht ist unbegreiflich eins und keins.
Ich bin, der sich im Erdendämmer bricht,
der Schein nur, nur der Widerschein des Scheins,

ein Zeichen nur in dieser Nacht und Stille.
Vielleicht, dass einer, der mich sieht, sich bang
erhebt und aufbricht und aus seiner Fülle
ins Ungewisse geht sein Leben lang …

Manfred Hausmann

(geb. 1898 in Kassel – gest. 1986 in Bremen)
Der vielseitige Schriftsteller schrieb Romane, Essays, Dramen, Gedichte und theologische Schriften. Dazu übertrug er Gedichte aus dem Altgriechischen, Chinesischen und Japanischen. Sehr beliebt war sein Buch „Martin – Geschichten aus einer glücklichen Welt“.

Zum ersten Mal

Es muss im Jahre 1912 gewesen sein, am 23. Dezember. Wir fuhren von Göttingen bis Eichenberg mit der Bahn, ein Dutzend Jungen, die dem Alt-Wandervogel angehörten, und wateten dann durch den hohen Schnee querfeldein auf die Burgruine Hanstein zu. Noch war sie nicht in Sicht. Wir zogen über Berg und Tal, durch Wälder, durch Schluchten und an Hängen hin. Manchmal gab es kleine Raufereien, der eine und andere wurde im Schnee herumgewälzt und „gewaschen". Wenn das Gelände es erlaubte, fassten wir Tritt und sangen. Die Sonne schien matt durch den Frostrauch, der über der Erde stand. Schweigend lagen die Dörfer im Grunde. Höchstens, dass einmal ein Hundegebell an unser Ohr drang. Wir zogen dahin, sangen und waren guten Mutes.

Damals hatte das Wanderwesen gerade begonnen, die Jugend zu verlocken. Jede Fahrt bedeutete ein Abenteuer. Jugendherbergen gab es noch nicht. Und wenn es sie gegeben hätte, wären wir an ihnen vorbeigegangen. Noch lag der Glanz des Neuen, ja des Unerhörten über allen Unternehmungen. Man entdeckte die Landschaft, die Freiheit, die Lieder, die Spiele, die Tänze, die Freunde, sich selbst, die Welt, alles. Ich war damals vierzehn Jahre alt und erst wenige Wochen bei der Gruppe. Wir dachten nicht viel über das Leben nach, aber wir lebten. Gerade weil wir nicht über das Leben nachdachten, lebten wir. Wir waren ein Teil des Lebens. Ich fürchte, die klugen jungen Menschen von heute würden nicht viel von uns gehalten haben. Wir von ihnen übrigens auch nicht.

Um die Abenddämmerung erreichten wir die Ruine. Und alsbald begann im Saal, den eine Balkendecke, verglaste Fenster und ein offener Kamin bewohnbar machten, eine bewegende und erregende Weihnachtsfeier. Für mich war sie deshalb so bewegend, weil fast alles, was geschah, unter dem verklärenden Zeichen des „Zum ersten Male“ stand. Zum ersten Male sah ich einen Weihnachtsbaum, der keinen anderen Schmuck als einige wenige Kerzen trug und mit seinem weit ausladenden, stark duftenden Gezweig so waldhaft, so unberührt wirkte. Zum ersten Male vernahm ich die Weihnachtsgeschichte in der großen, männlichen Sprache des Heliand-Dichters. Zum ersten Male ließ die unbegreiflich süße, von Geigen und Blockflöten umjubelte Melodie des „Susani, Susani“ mein Innerstes erbeben. Zum ersten Male erfuhr ich, was das ist, eine Gemeinschaft. Zum ersten Male war ich nicht mehr allein.

Und dann kam noch ein anderes, ein unvergessliches „Zum ersten Male“!

Ehe wir uns im aufgeschütteten Stroh schlafen legten, tastete ich mich die dunkle Stiege im Turm empor. Als ich oben ins Freie trat, flimmerte ein winterlich klarer Sternenhimmel über mir. Ich erkannte den Orion, den Fuhrmann, den Großen Bären, ich erkannte Perseus, den ich vor allen anderen liebte, Andromeda, Kepheus und Kassiopeia. Zu meinen Füßen lagen die verschneiten Bergrücken und Wälder.

Dort unten im Tal strömte die Werra. Jenseits erhob sich der Ludwigstein, damals noch eine unbekannte Burg. Nahebei dunkelten die Häuser des Dorfes. Unmittelbar unter mir dämmerte hinter den Fenstern des Saales ein rötlicher Kerzenschein. Dort summten und sangen die Kameraden. Und da überkam mich plötzlich ein Glücksgefühl von geradezu mystischer Tiefe. Wie traumverloren war das mattsilberne Bergland mit seinen Schatten, wie geheimnisvoll die Grenzenlosigkeit der Nacht mit den strahlenden Sternenbildern! Wie abgründig das Schweigen ringsumher! Wie liebte ich dies alles! Wie liebte ich die Welt!

Aber seltsamerweise brachte das Glück, das Übermaß von Glück, keinen Frieden in meine Seele, sondern Unruhe und Traurigkeit. Es war das Glück, ohne Frage. Ich glaubte sogar zu wissen, dass ich nie wieder so glücklich sein könne wie in dieser Stunde. Und doch war es nicht genug. Es fehlte etwas. Ich zitterte vor Glück und ich zitterte gleichzeitig vor Ungenügen und Sehnsucht. Eine Ahnung überkam mich, dass nichts, was ein Mensch auf Erden erlebt, imstande sei, die Ruhelosigkeit in ihm zu stillen. Auch in ihrer schönsten Schönheit war die Welt nicht vollkommen, nicht heil, nicht tröstlich im Letzten. Es gab etwas in mir, in meinem bebenden Knabenherzen, das sich über den flimmernden Glanz der Welt, über jedes Maß an irdischer Seligkeit hinaus nach einer Seligkeit und Schönheit und Wahrheit verzehrte, die ohne den Hauch von Schwermut, ohne die Gebrochenheit, ohne das Ungenügen sein sollte.

In jener Nacht auf dem Turm der Burg Hanstein erfuhr ich zum ersten Male, unbestimmt nur und jungenhaft, wie es ist, wenn ein Mensch vom Verlangen nach Gott überwältigt wird.

Manfred Hausmann

(geb. 1898 in Kassel – gest. 1986 in Bremen)
In jungen Jahren führte Hausmann ein unruhiges Leben und war viel unterwegs. Später wurde er zunehmend religiös, arbeitete als Laienprediger und schließlich als Altersprediger der Bremischen Evangelischen Kirche. Unter anderem schrieb er eine literarische Nachbearbeitung des Hohelieds Salomons.

Ein Puppendrama

Wir konnten die Tage bis zum 24. Dezember schon an den Fingern abzählen, als sich etwas begab, das uns in die größte Aufregung versetzte. Vor unsern Nasen gleichsam verschwanden unsere Puppen. Auf einmal waren sie alle fort. Eine vollständige Puppenauswanderung hatte stattgefunden. Das Bett, in das meine Schwester gestern noch ihre älteste Tochter, die große Christine, schlafen gelegt hatte – leer. Die Angehörigen Christines hinweggefegt, als ob sie nie dagewesen wären. Meine blonde Fanchette, die freilich von der Blondheit nur noch den Ruf besaß – denn eine geduldige Friseurin war ich nicht –, ebenfalls unauffindbar. Wir kramten vergeblich nach ihr in unsern Laden, durchforschten alle Schränke und Winkel. Wir liefen ins Kinderzimmer und klagten die armen kleinen Brüder des Raubes unserer Puppen an. Dass wir auch im vorigen Jahre kurze Zeit vor Weihnachten denselben Jammer erlebt und dann unter dem Christbaum ebenso viele Puppen, als wir vermisst hatten, mit glänzend lackierten Gesichtern, reichem Gelock und schön gekleidet sitzen sahen, fiel uns nicht ein. Oh, wir waren dumme Kinder! Ich glaube nicht, dass es heutzutage noch so dumme Kinder gibt.

Pepinka, ärgerlich über die Nachgrabungen, die wir nun auch in dem von ihr beherrschten Reiche zu unternehmen begannen, ließ sich zu einem unvorsichtigen Worte hinreißen. „Geht, geht! Sucht eure Puppen dort, wo sie sind.“

„Weißt du, wo sie sind? … Ja, ja, du weißt es!“ Wir ließen nicht nach, gaben ihr keine Ruhe, bis sie endlich, um uns loszuwerden, sagte: „Die kleine Greißlerin hat sie gestohlen. Grad ist sie mit der Christine über die Gasse gelaufen.“

Gestohlen also! Unsere Kinder gestohlen! Durch die kleine Greißlerin – oh, das leuchtete uns ein. Der konnte man alles Schlechte zutrauen. Ihre Mutter hatte einen Laden, gerade unter einem der Fenster des Kinderzimmers. Wir kauften dort die Glas- und Steinkugeln, mit denen wir eine Art Kriegsspiel spielten. Von der Mutter erhielten wir immer fünf Stück für einen Kreuzer, von der Tochter nur drei. Genügte das nicht, um uns ein Licht aufzustecken über das ganze Wesen dieser Person? Sie, natürlich, war die Puppenentführerin, sie lief herum mit der Christine, an ihr musste Rache genommen werden. Es musste! Ich war Feuer und Flamme dafür, und es gelang mir, meine Schwester davon zu überzeugen. Auch die sanfteste Mutter kann grausam werden, wenn es Kindesraub zu bestrafen gilt. Am liebsten würden wir die Missetäterin durchgeprügelt haben – woher aber die Gelegenheit dazu nehmen? Sie bei der Frau Greißlerin verklagen? Ach, die tut ihr nichts, die fürchtet sich selbst vor ihr. Was also soll geschehen? Was für ein Gesicht soll unsere Rache haben? Ein schwarzes! machten wir endlich aus. Es war beschlossen, was der Diebin geschehen soll: Wir werden ihr Tinte auf den Kopf gießen.

Pepinka war ins Nebenzimmer zu den Kleinen gegangen und hatte die Tür geschlossen; wir glaubten

unser nichtsnutziges Vorhaben ungestört ausführen zu können. Ich holte eilends das Fläschchen herbei, das unsern Tintenvorrat enthielt; wir schoben in das Fenster, unter dem der Greißlerladen sich befand, einen Schemel und bestiegen ihn. Meine Schwester öffnete den inneren Fensterflügel und mit Mühe nur ein wenig den äußeren, und ich steckte den mit der Tintenflasche bewaffneten Arm durch den Spalt. Jetzt – hinunter mit dem Guss! Hinunter auf die Greißlerin, die natürlich nichts Besseres zu tun hat, als dazustehen und ihm ihr schuldiges Haupt darzubieten.
Die spanische Armada war einst nicht siegesgewisser ausgezogen als wir zu unserer Unternehmung – und ihr Schicksal teilten wir. Die Elemente erhoben sich wider uns. Es stürmte an dem Tage im Rotgässchen wie anno 1588 auf dem Atlantischen Ozean, und noch dazu gab's ein Gestöber von weichem Schnee. Ein Windstoß entriss meiner Schwester den Fensterflügel und schlug ihn gleich darauf so schnell wieder zu, dass ich kaum Zeit hatte, meinen ausgestreckten Arm zurückzuziehen und das Tintenfläschchen vor dem Sturze zu retten. Sein Inhalt übersprühte die Glasscheibe, tropfte, mit Schnee und Regen vermischt, vom Fenstersimse herab, umhüllte meine Finger mit der Farbe der Trauer.
Laut und lebendig gestaltete sich der Schluss des ganzen Abenteuers. Pepinka musste etwas von unserm Treiben vernommen haben, denn plötzlich stürzte sie herbei. Ihr Antlitz glich dem rot aufgehenden Mond, ihre Haubenbänder flogen – ich weiß noch gut, dass sie eidottergelb waren. „Ihr Verdunnerten!“, rief sie.

„Jesus, Maria und Josef! Fenster aufreißen, mitten im Winter! Was fällt euch ein, ihr, ihr …“
Der Rest sei Schweigen. Mögen die Ehrentitel, mit denen sie uns ausstattete, der Vergessenheit anheimfallen.

Marie von Ebner-Eschenbach

(geb. 1830 in Mähren – gest. 1916 in Wien)
Geborene Baronin, verheiratete Freifrau, gelernte Uhrmacherin, erfolgreiche gesellschaftskritische Schriftstellerin – Marie von Ebner-Eschenbach lebte ungewöhnlich für eine Frau ihrer Zeit und ihrer Gesellschaftsschicht. Am bekanntesten sind ihre Erzählung „Krambambuli“ und der Roman „Das Gemeindekind“.

Knecht Ruprechts Versteck

Denke ich an Weihnachten in den Jahren meiner Kindheit, so verbinde ich solche Erinnerung mit der Erinnerung an Landschaft. Fast immer haben Augenblicke in mich umgebender niederdeutscher Landschaft die Weihnachtszeit mit beeinflusst.
Meine Eltern, besonders mein Vater, erzogen mich früh zu derartigem natürlichem Verhältnis in meiner keineswegs ländlichen Umwelt, denn ich wuchs am Rande einer Großstadt auf. Das unregelmäßige und eigentlich unschöne Terrain, das begann, wo die letzten Neubauten aufhörten und sich saure Wie-

sen hinzogen, Gärtnereien und die Anwesen einiger Gemüsebauern, Schrebergärtensiedlungen, ehe das erste Waldstück sichtbar wurde, ehe der wichtige Wald meiner jungen Jahre, der hannoversche Stadtwald, die Eilenriede, begann. Diese Eilenriede, die sich halbkreisförmig um die Stadt zog, war damals noch ein richtiger Forst oder gab mir doch als Buben diese Illusion, wenn man vom Felde her auf sie zukam. Dann war das Waldmassiv, die Mischwaldfläche – besonders bei unsichtigem Wetter – etwas mich mächtig Anziehendes, eine dunkle Wildnis.
Ich kannte den Wald zu jeder Jahreszeit. Im Grunde war die Entfernung zwischen meinem Elternhaus und ihm gering, vielleicht zwanzig Minuten weit, und nur die dazwischenliegenden verstreuten Gehöfte, das von Geometern bereits abgemessene Gebiet zwischen ausfallender und dann jäh im Feldstück endender städtischer Straße, zwischen dem Ende der Wohnstraße und dem eigentlichen Wiesengrün und Ackerbraun, unterbrach die Vorstellung, dass der Wald eigentlich recht schnell erreichbar sein müsse. Das beiläufige und durch die Witterung so oft trist verhängte Übergangsgebiet, in dem ich mich bewegte und in dem ich mich rasch auskannte als einem idealen Spielgelände, machte den großen Flächenwald dann für mich umso begehrenswerter, in dessen Randbezirken wir Kinder unsere persönlichen Verstecke anlegten, die wir nie verrieten und schon gar nicht mit jemandem teilen würden, Zufluchten im dichten, grünen Unterholz, in das wir uns mit unserer Fantasie zurückzogen.

Im Eilenriedewald floss in seinem Südteil, entlang der nach Hildesheim führenden Bahnlinie, ein Rinnsal, ein verkrauteter Wassergraben, der an einer bestimmten Stelle seines Verlaufes unter einer Waldchaussee weitergeführt wurde. Der massiv gemauerte Eingang zu dieser Unterführung, bogenartig angelegt, glich dem Eingang zu einer Art Waldunterwelt, zu einem grünen, dichten Hades. Wie hier das träge Wasser verschwand, um erst sehr viel später an einer von hier aus nicht einzusehenden Stelle wieder ans Licht zu treten, das war für uns Kinder immer mit einem Gefühl der Ungewissheit, des Bangens, der Beklemmung und der Neugier betrachtet worden. Im Winter fror die winzige Wasserfläche vor der Unterführung schnell zu. Man konnte auf ihr dann ein paar Schritte tun, wagte sich allerdings niemals fort ins Dunkle der unterirdischen Weiterführung.
Ich muss noch ein sehr kleiner Junge gewesen sein, als mir mein Vater in der Vorweihnachtszeit, als wir wieder einmal gemeinsam diesen Ort passierten, vom Eingang zur unterirdischen Grabenweiterführung als vom Eingang zur Höhle des Knechtes Ruprecht zu erzählen begann, sicherlich ganz beiläufig, wie es seine Art war und wie man einem Buben meines damaligen Alters vielleicht Landschaft spannend, abenteuerlich machen kann. Ruprechts Bereich, den mir der Vater als ein Schatzversteck mit all den Gaben, die er zu Weihnachten dann den Kindern unter den Christbaum legen würde, zu schildern verstanden hatte, ließ mich zunächst vermutlich nichts als nachdenklich werden. Dieser Höhleneingang – gerade an

solcher Stelle – schien mir unbedingt glaubwürdig. Man musste sich hier unterirdisch wunderbar verstecken können, um dann im tiefen Höhleninneren ein ganzes Schatzlager anzulegen. Auf dieses Lager aber hatte ich es abgesehen. Die Vorstellung von den verborgenen Sachen ließ mich ganz offenbar nicht los.

Weihnachten, das in jedem Jahr ungeduldig erwartete Fest, rückte näher mit dem unberechenbaren Dezember, unberechenbar mit dem Auf und Ab der niederdeutschen Witterung, die zwischen nassem, flüchtigem Schnee und Nebel- oder Regenwetter schwankte, bei ständig gehendem Wind, der aus der Ebene fegte und nirgends Widerstand fand.

Plötzlich gab es einen frühen Wintereinfall mit Frost und lange niedergehendem Schnee, einige Tage vor dem Fest. Die Schnee-Einsamkeit des Eilenriedewaldes, durch die mich mein Vater nun mit dem Schlitten zog, war überwältigend. Ein richtiger Märchenwald war entstanden, in dem der Schnee von den Ästen in die Augen stäubte, nachdem es sich endlich ausgeschneit hatte und alles in seiner weißen Pracht dalag. Wir kamen sicherlich auch an jenen Waldfleck, wo Ruprechts Höhle lag. Ich erinnere mich dessen nicht mehr genau. Genau dagegen weiß ich, dass es für mich – ausgerechnet am Vormittag des Heiligen Abends – kein Halten mehr gab. Meine Erwartungen waren wie meine Ungeduld auf das Höchste gespannt. Ich hatte Ruprechts Höhle nicht vergessen können, die jetzt sicherlich, mit dem vereisten Wasserloch davor, halb zugeschneit war, die vor allem auch für ein gewöhnliches Menschenkind, für mich, erreichbar, passierbar sein musste, nachdem das Grabenwasser wohl bis auf den Grund gefroren war. Auf einmal war ich auf dem Wege zu Ruprechts Reich, mit dem Schlitten, den ich hinter mir herzog, in einem günstigen Augenblick Haus, Straße und Spielgefährten verlassend. Die Neugier, das Abenteuer, meine Fantasie hatten mich überwältigt. An diesem kalten Wintervormittag, der schon fast Mittag war, war ich unversehens unterwegs, allein, wie es sich gehört, denn ich wollte das Geheimnis für mich allein haben. Ich wollte niemanden dabeihaben bei meiner Entdeckung. Ich war unerschrocken genug, nach alldem, was ich mir erhoffte, um das Wagnis allein auf mich zu nehmen. Ich weiß die Einzelheiten dieses Hinweges, des Hingezogenwerdens nicht mehr. Auf einmal fand ich mich jedenfalls an jener Waldstelle mit vereistem Krautgraben und an dieser Stelle merkwürdig dünner Schneedecke.

Hier angekommen, muss sich bei mir einiges verändert haben.

Das Zeitgefühl muss ausgesetzt haben. Habe ich gezögert? – Habe ich – mit dem im Gebüsch schließlich abgestellten Schlitten – den Höhleneingang, nun doch vielleicht furchtsam geworden, immer langsamer und doch zugleich immer geduldiger, erwartungsvoller umkreist und eingekreist? Bin ich dabei allmählich ermüdet, ohne es zunächst zu merken, ohne es danach wahrhaben zu wollen? Meine Eltern haben mir später zuweilen erzählt, wie der Heilige Abend oder doch die Stunden vor diesem Abend verliefen: in quälender Unruhe, in Sorge um meinen Verbleib. Mein Verschwinden war bald bemerkt worden. Und als ich noch nicht heimgekommen war, als mein Vater vom Dienst und einem anschließenden Zusammensein mit Kollegen nach Hause zurückkehrte, war die Aufregung groß. Etwas musste geschehen. Die Zeit verstrich. Niemand wusste genau, wie lange ich fort war, weil ich – wie gesagt – mich unbeobachtet fortgestohlen hatte. Die Eltern überlegten ratlos, wohin ich mich gewendet haben könnte. Sie fragten die Spielkameraden aus. Niemand konnte Auskunft geben. Ich hatte niemanden eingeweiht, weil ich niemanden hatte bei mir haben wollen. Ich wollte allein das Abenteuer meiner Erwartungen, meiner kindlichen Weihnachtsneugier bestehen und hatte es inzwischen bekommen: Abenteuer des Alleinseins im eiskalten, einsamen Winterwald, bei allmählich, dann immer rascher sinkendem Tageslicht.

Was von diesen Heiligabendstunden im verschneiten Wald vor der Weihnachtshöhle des Knecht Ruprechts sich in meinem Gedächtnis erhalten hat, sind verwischte Kleinigkeiten: die Erinnerung an eine knisternde Schneestille, an vom Wind seufzendes Geäst, an eine kalte, von mir, meinen Gliedern, meinem Körpergefühl langsam Besitz ergreifende Einsamkeit, ein Abgeschnittensein, ein Leben in einem Zwischenbereich mit aufkommender, dann wieder niedergekämpfter Angst, von Isolation und Fortsein von allem, von Mutlosigkeit, von einer merkwürdigen Verlorenheit und einem ebenso merkwürdigen Entzücken, während es um mich zu dämmern begann. Ich blieb gebannt. Ich konnte den verlorenen

Waldort nicht aufgeben. Ich war unschlüssig. Ich wusste nicht weiter, vermutlich. Ich hatte das Wagnis nicht bestanden, war nicht in die Höhle eingedrungen, sondern hatte sie immer nur angestarrt, hatte vor ihr und ihrem Dunkel haltgemacht und hatte vergessen, was vorher war und was nachher kam. Auf einmal sah ich mich in meiner Verlassenheit meinem Vater gegenüber. Er hatte sich mit einem Freund auf die Suche gemacht, hatte sich daran erinnert, was er mir von Knecht Ruprechts Versteck verheißen hatte, und hatte dann schnell geahnt, dass ich nur in oder vor ihm aufzufinden sein müsste. Die beiden jungen Männer waren verlegen und froh, als sie mich sahen. Mein Vater hatte mich richtig eingeschätzt. Er hatte nicht die Polizei verständigen müssen. Und nun musste er mich aus einem Traum hochreißen, den ich nur halb und ganz unvollkommen zu träumen begonnen hatte, an diesem Tage, den man den Heiligen Abend nennt: ein Traum, auf den ich später nicht habe zurückkommen brauchen. Ein Traum, auf den man niemals zurückkommen wird, weil er nicht wiederholbar ist.

Karl Krolow

(geb. 1915 in Hannover – gest. 1999 in Darmstadt)
Karl Krolow war einer der bedeutendsten Lyriker der Nachkriegszeit. Die Einführung surrealer Elemente, der Bruch mit traditionellen Gedichtformen wie dem Reim sind kennzeichnend für sein Werk. Erst im Alter begann er, auch Erzählungen zu schreiben.

Das Christkindel

Nichts spielte in unserm Kinderleben eine größere Rolle als das Christkindchen. Schon wochenlang vor Weihnachten beobachteten wir den Abendhimmel höchst aufmerksam, und wenn die Sonne so recht schön unterging und der Abendhimmel rot erglühte, dann freuten wir uns königlich darüber, dass das Christkindel heute wieder tüchtig Lebkuchen backe; der Feuerschein war ja ganz deutlich sichtbar in den Wolken. Um die Weihnachtszeit waren wir gewöhnlich auch artiger als sonst, denn das Christkindchen war viel ums Haus, um zu hören und zu sehen, was es am besten für Jung und Alt bescheren könne. Während seines Besuches im Hause stellte es sein Eselchen im Stall ein, und darum waren wir immer sehr besorgt, sobald es dunkel wurde, dass ja etwas Futter im Trog gleich am Eingange des Stalles war. Mit Agels (unserer Magd Agathe) Hülfe bereiteten wir ein Heulager und schnitten Rüben klein, in die wir etwas Häcksel mischten, und dann schleppten wir Wasser im Eimer herbei, damit ja gut für das Eselchen gesorgt wäre, das so viel laufen müsse. Manchmal war denn auch das Futter aufgefressen, das wir zurechtgestellt hatten, und man konnte deutlich sehen, dass das Eselchen auch auf dem Heu gelegen hatte. Wir fanden sogar eines Tages einen Lebkuchen darauf, der ihm augenscheinlich aus einem der Tragkörbe gefallen war. Wie der schmeckte, als wir uns endlich entschlossen, ihn zu essen. Wenn

wir so recht voll Begeisterung waren, stellten wir uns auch zusammen hin und sangen:
„Christkindl, Christkindl, komm ins Haus,
leer Dein goldig Säckel aus,
stell Dein Eselchen in den Stall,
dass es frisst das Futter all."
Wenn mein Vetter Carl uns singen half, was er zwar nicht oft tat, dann konnten wir fast immer sicher sein, dass das Christkindel irgendwo im Hause war, denn da hörten wir sein silbernes Glöckchen in der Ferne oder Nähe, einmal sogar hinter einem großen Holzhaufen, der zum Kleinmachen im Hof abgeladen war. Vetter Louis wollte nie mitsingen; das Christkindchen hat ihn aber doch immer beschert. Und manchmal waren wir in Großvaters Wohnstube, da klingelte es vor seinem Schlafzimmerfenster, und wenn der Großvater ins Schlafzimmer ging und das Fenster aufmachte, lagen richtig ein oder zwei kleine Herzlebkuchen da, die das Christkindchen im Vorbeigehen hingelegt hatte.
Und erst der Jubel am Heiligen Abend! Nach dem Nachtessen wurden wir alle in der Großeltern Schlafzimmer gesteckt, bis das Christkindchen fertig war. Wir erhielten nur ein kleines Lichtchen, und da kauerten wir denn auf dem Boden voll freudiger, ungeduldiger Erwartung. Auf einmal klingelte es, wir stürzten ins Wohnzimmer und sahen gerade noch, wie das Christkindchen zum Fenster hinausflog; der letzte goldene Schein war noch sichtbar. (Großvater ließ immer eine Rakete zum Fenster hinausschießen.) Und da stand der Tannenbaum mit seinem Weih-

nachtsschmuck und seinen Lichtern, und unter ihm waren die Geschenke für jedes von uns aufgebaut, und die Eltern und Großeltern standen dabei. Wenn der Jubel sich einigermaßen gelegt und wir unsere Geschenke zur Genüge bewundert hatten, sangen wir: „Stille Nacht, Heilige Nacht“. Vater begleitete uns auf dem Klavier. Und dann legten wir alle von unsern Süßigkeiten und Geschenken etwas nach eigener Auswahl in einen Korb, den die Mutter für Braunemichels (armer Nachbarsleute) Kinder brachte, zu welchen das Christkindel gar nicht oder nur selten kommen konnte. Ich habe einmal zu Mutter gesagt, dass das Christkindchen aber auch zu den armen Kindern gehen müsste; das wäre nicht recht, dass es uns so viel und ihnen so wenig bringe. Da hat aber die Mutter gemeint, wir bekämen darum so viel, dass wir dem Christkindchen helfen sollten. Das war immer eine große Stunde für uns, wenn wir dann Braunemichels Kinder bescheren durften. Mutter half uns, Passendes von unseren eigenen Sachen auswählen, denn einmal hatte ich meine seidene Kapuze und meine Pelzstiefel in den Korb gelegt. Ich meinte, die Gretel brauche die Pelzstiefel nötiger als ich, denn sie hätte nur ein Paar baumwollene Strümpfe. Da hat ihr Mutter Strümpfe in den Korb gelegt statt der Pelzstiefel. Die Eltern und Großeltern steuerten auch bei, und Agel brachte rotbackige Äpfel aus ihrer Kiste dazu.

Ich habe lange an ein richtiges Christkindchen geglaubt, das als Weihnachtsengel vom lieben Gott aus dem Himmel gesandt werde. Aufgeklärt bin ich in folgender Weise worden. Am Heiligen Abend, als es zu dämmern anfing, rief mich Mutter und sagte: „Lenchen, wir wollen Braunemichels heute im Haus bescheren, damit die kranke Frau auch dabei sein kann, du sollst das Christkindchen sein. Komm, es ist alles fertig – ich will dir dein weißes Kleid anziehen." Ganz verdutzt und verblüfft ließ ich mich willenlos ankleiden, verschleiern, und halb im Traum hörte ich Mutters Instruktionen zu, was ich der kranken Frau geben solle aus dem Korb, was den Kindern, was dem großen Jungen, der seiner Mutter viel Last mache, nämlich eine Rute; und Mutter und Agel vermummten sich in Vaters und Großvaters Mäntel und trugen den Korb und das Bäumchen, welches sie in Braunemichels Hausflur anzündeten. Wir gingen durch den Garten und klopften an die Tür der armen Leute. Die Kinder waren alle bei der Mutter, die erst seit einigen Tagen wieder im Lehnstuhl sitzen durfte, und mechanisch sagte ich meinen Vers, den mich die Großmutter gelehrt hatte:

„Das Christkind kommt,
mit was Euch frommt.
Habt frohen Mut,
seid fromm und gut."

Die Rute vergaß ich dem Michel zu geben; der Braunemicheln aber gab ich ein Röllchen Sechserle in die Hand, das sie mit einem: „Ach, du lieber Gott!" in Empfang nahm, und nachdem Mutter und Agel ausgepackt hatten, gingen wir wieder heim durch unsern Garten. Ich war stumm und gedrückt. „Was ist dir denn?", fragte mich Mutter, „tut dir etwas weh?"

„Mutter, gibt es denn kein Christkindel?“, fragte ich. Jetzt verstand mich Mutter. Und sie hat mich auf den Schoß genommen und mir vom wirklichen Christkind erzählt, vom menschgewordenen Gott, und mein Gemüt nahm die Weihnachtskunde auf wie das durstige Erdreich den Regen. Mit welchem Verständnis betrachtete ich den nächsten Tag die vor dem Seitenaltar in der Kirche aufgestellte Krippe mit dem wächsernen Jesuskind! Aber meinen jüngeren Geschwistern habe ich nichts von dem neuen Licht erzählt, das mir aufgegangen; das begreifen sie nicht, habe ich mir gesagt, sie sind noch zu klein dazu.

Helene Adelmann

(geb. 1841 in Offenbach – gest. 1915 in Dresden)
Helene Adelmann arbeitete als Erzieherin in England und gründete in London einen Verein und ein Heim für deutsche Lehrerinnen. Ihre Kindheit beschrieb sie in dem Buch „Aus meiner Kinderzeit“, das sich auch mit der 1848er-Revolution beschäftigt.

Verstehen und Versöhnen

IN WEIHNACHTS-ZEITEN

In Weihnachtszeiten reis ich gern
Und bin dem Kinderjubel fern
Und geh in Wald und Schnee allein.
Und manchmal, doch nicht jedes Jahr,
Trifft meine gute Stunde ein,
Dass ich von allem, was da war,
Auf einen Augenblick gesunde
Und irgendwo im Wald für eine Stunde
Der Kindheit Duft erfühle tief im Sinn
Und wieder Knabe bin …

Hermann Hesse

(geb. 1877 in Calw – gest. 1962 in Montagnola)
Romane wie „Der Steppenwolf“, Gedichte wie „Stufen“ sind der Grund dafür, dass Hesse bis heute ein viel gelesener Schriftsteller ist. 1946 erhielt er den Nobelpreis für Literatur. Während des Ersten Weltkriegs baute er die „Bücherzentrale für Kriegsgefangene“ auf, die Bücher für deutsche Kriegsgefangene sammelte und verschickte.

STILL UND FEIERLICH

Berlin, 23. Dezember 1914
Lieber Junge – gestern Abend – sehr verspätet kam endlich Vater an. Ich wartete wohl über eine Stunde

und unterdes kamen und gingen Züge und überall Soldaten. An wie viel Abschiednehmen und wunderschönes Abholen dachte ich da.
Vater brachte gute Nachricht. O Junge – wie froh wär ich, könntest Du noch zum Nachurlaub kommen. Unmöglich ist es ja nicht. Vater gab mir Deinen Brief. Nein, Hans, das Schicksal hat Deine Stellung nicht angenommen. Du sollst – Du darfst noch leben. Lieber Sohn, wie hoffe ich, dass das wahr ist, was ich jetzt sage, und dass Du auch gern leben wirst.
Du schreibst „sei nicht traurig“. Nein, mein lieber Junge, ich fühle mich so zusammen mit Euch. Gewiss, ich weinte, als ich Dein Lied an Deinen Bruder las. Aber nicht alles Weinen ist „ein Schwert, das durch die Seele bohrt“.
Ja, wie eine Kerze, die so anders brennt wie sonst Licht, die still und feierlich leuchtet, ist auch mir das Denken an Peter. Er ist da, wir sind zusammen diese stille Weihnacht, wir vier von einem Band umschlossen.
Mein Junge – ich sage wie Du zu mir – gute Weihnacht und festen Händedruck.
Deine Mutter

Käthe Kollwitz

(geb. 1867 in Königsberg – gest. 1945 in Moritzburg)
Als Grafikerin, Malerin und Bildhauerin ist Käthe Kollwitz eine der bekanntesten deutschen Künstlerinnen des 20. Jahrhunderts. Sie wollte mit ihrer ernsten Kunst die Lebensbedingungen der einfachen Menschen darstellen. Der Brief ist an ihren Sohn Hans gerichtet. Ihr Sohn Peter war zwei Monate vorher im Ersten Weltkrieg gefallen.

Nacht der Geburt

Statistiker haben schlau errechnet, dass die meisten Kinder nachts geboren werden. Ich möchte hinzufügen: Manche auch in der Heiligen Nacht – und das nicht nur in alten, rührseligen Erzählungen oder Legenden.
Ursula hatte mir schon im hohen Sommer gesagt: „Du, wir bekommen ein Christkind!“ Und wenn ich ungläubig lächelte, sagte sie kurz: „Rechne es dir doch aus!“
„Um Weihnachten herum“, räumte ich ein. Aber ausgerechnet am Heiligen Abend?
Ausgerechnet am Heiligen Abend setzten die Wehen ein. Am späten Nachmittag kam die Hebamme mit der schwarzen Tasche, in der Heil und Rettung enthalten sein sollten. So hoffte ich inständig, denn die äußeren Verhältnisse waren damals schlecht genug. Damals: Das war Schlesien 1945 mit polnischen Neusiedlern, russischen Soldaten, deutschen Restbewohnern, plündernden Banden, ersten Ansätzen einer verloren gegangenen Ordnung.
Unser Dorf, in das wir uns verkrochen hatten, lag im tiefen Schnee versunken und glich in seiner Schönheit einem unwirklichen Postkartenbild aus Großvaters Album: Wie jetzt der gelbe, runde Vollmond über den Scholzenberg heraufgezogen kam und sich sanft und behutsam auf die Wipfel der verschneiten Tannen legte; wie er lange darauf verweilte, ohne Hast; und wie der uralte Ball unserer Kindheit dann in den

seidenen Himmel zog, der schwarz und unergründlich die Flur bedeckte. Aus der tiefsten Schwärze noch leuchtete weißer, geheimnisvoller Schnee.
Ich hatte Zeit, das alles zu beobachten, denn die Geburt unseres ersten Kindes zog sich lange hin. Ich ging in die kalte Küche, kaute mechanisch an einem Kanten harten Brotes. Das sollte mich beruhigen.
Die Nacht nahm gewaltig zu. Der Himmel verdüsterte immer mehr. Auch mein Gemüt wurde dunkel. Zudem merkte ich, wie die Hebamme unruhig zwischen Küche und Kammer hin- und herlief. Wie ein aufgescheuchtes Huhn im Stall.
„A Orzt misste her ...“, sagte sie in ihrem dörflichen Dialekt. „Also doch“, dachte ich. Alle bösen Gedanken berechtigt, die Furcht nicht aus den Fingern gesogen. Woher sollte ich hier in diesem Lande einen Arzt bekommen? In einem der langen Reihendörfer, die dem Flusslauf gehorsam folgten, war eine Berliner Ärztin evakuiert gewesen. Das hatte ich einmal gehört. Aber ob sie noch da war? Auf jeden Fall gab es für mich kein Zögern, ich musste es versuchen. Selbst auf die Gefahr hin, von Milizstreifen angehalten zu werden. Die Sperrstunde war lange vorbei.
Das fremde Dorf, in das ich rannte, ein dunkles, abgetakeltes Schiff hinter dem hohen Wald. Keine Erleuchtung oder weihnachtliche Begnadung zu erkennen, kein Lied zu vernehmen.
Ich klopfte an das erste Haus und zählte bis sechzig; dann klopfte ich wieder. Ich rief angstvoll: „Macht auf! Keine Miliz! Ein Deutscher, ich brauche Hilfe!“
Ich zählte wieder, schrie wieder, klopfte wieder und

donnerte an die ebenerdigen Fenster, hinter denen immer noch die roten Geranien standen, als hätte sich nichts ereignet. Eine weiße Katze schlich um meine Beine, schmiegte sich an meine Knöchel. Ich fühlte ihre scharfen Krallen, ließ sie gewähren.
Der Bauer kam im dürftigen Nachthemd an das Fenster. Er wies mir mürrisch das Haus, in dem die Ärztin immer noch wohnte.
Auch die Ärztin war mürrisch und nicht erbaut von meiner Bitte. Sie fürchtete sich vor den Polen. Sie wusste von allerlei schlimmen Dingen zu berichten, die ich selber kannte, die ich in dieser Stunde gar nicht hören wollte. Bis ihr brummiger Nachbar den Bretterwagen angeschirrt hatte, bis die Ärztin ihre Utensilien zusammensuchte, bis sie sorgfältig die Rote-Kreuz-Zeichen um den Ärmel des viel zu langen Wintermantels legte, Embleme der Menschlichkeit selbst hier; eine Binde also um den Arm, ein Fähnchen, lächerlich genug, neben den Kutschersitz gestellt; bis diese Nichtigkeiten getan waren, verging eine gute, kostbare Stunde.
Mein Mund war trocken, ausgedörrt, als wir endlich in die Heilige Nacht hineinfuhren. Die Pferde zogen gemächlich, der Kutscher trieb sie nicht sonderlich an, obwohl es empfindlich kalt geworden war. Die Pferde wären lieber im Stall geblieben und der grobe Kutscher lieber im warmen Bett.
Vor unserem Haus stand die geierhälsige, kurzatmige Hebamme und stützte sich schnaufend und schimpfend auf die vereiste hölzerne Milchbank. Sie sah uns nicht an, stierte in den verhangenen Winterhimmel

und rief nur leise vor sich hin: „Jessus, Maria, Joseph, Jessus, Maria, Joseph …“ – Immerzu diese drei heiligen Namen in der Heiligen Nacht, die in ihrem zahnlosen Munde unheilig klangen wie Teufelsbeschwörung.

Da wusste ich alles und legte meinen heißen Fieberkopf auf die eisigen Buchenbretter der Milchbank und konnte nicht weinen und nicht schreien und nichts sagen, auch nichts mehr denken. Ich blieb lange so liegen, bis sich eine kühle Hand auf meinen Kopf legte. Ich drehte mich herum, müde und teilnahmslos. Vor mir stand ein Mann, den ich nicht kannte. Sein Gesicht war mir voll zugekehrt. Nein, ich kannte diesen Mann nicht. Und ich spürte jetzt auch die wenigste Lust, seine Bekanntschaft zu machen, wer immer er auch sei.

Ich drehte mich auf den Holzblock zurück. Aber der korpulente, breitschultrige Mann, mit einem schwarzen Umhang angetan, der um seine massige Gestalt flatterte, wenn ein Wind aufkam, der unheimliche Mann gab es nicht auf, mit mir ins Gespräch zu kommen. Das heißt, er sprach noch kein Wort, doch ich merkte wohl, dass er mit mir sprechen wollte.

Ich kam ihm zuvor: „Lassen Sie mich gefälligst in Ruhe, ich möchte allein sein …“, stieß ich hastig hervor.

„Das kann ich mir denken …“, antwortete der hartnäckige Nachtgast, der sich, das sah ich erst jetzt, auf einen starken Eichenstock stützte. Der Weihnachtsmann, durchzuckte es mich. Angst hatte ich keine vor ihm, ich war schließlich kein Knabe mehr. Ich

wusste nicht, ob der unbekannte Fremde trotz seiner deutschen Worte ein Pole sei, der imstande wäre, den derben Waldknüppel auf mir tanzen zu lassen.
Wieder lag die Hand, diese Hand, die nicht grob war, wie das Gesicht des Mannes grob erschien, auf meiner Schulter. Ich riss ärgerlich die Schulter weg, sprang auf, bereit zu schlagen. Da sagte der Mann mit tiefer, klarer Stimme:
„Friede sei mit dir!"
Das kannte ich aus der Kirche. Aber hier war keine Kirche und war kein Priester. So dachte ich.
Ich ließ den Mann wortlos stehen und rannte in das Haus, riss die Tür zur Kammer auf und sah das Bild, das ich nicht wieder vergessen kann, das Bild einer Heiligen Nacht:
meine Ursula, blass, aber gelöst, lächelnd; auf das Kind zeigend, das neben ihr lag. – „Ein Christkind!", sagte die Ärztin, und die Tränen liefen ihr über die Backen, und die ungelenke Hebamme schluckte: „Ein Mädchen", sagte sie.
Dass auch der Fremdling eingetreten war, hinter mir stand, das hatte ich nicht bemerkt. Auch er sah das Bild, das gleiche Bild, das ich sah. Und er sagte:
„Die Christnacht ist angebrochen. Unser Herr wird bald geboren werden. Dein Herr ist mein Herr!"
Ich wusste das aus den Büchern der Kindheit. Hatte ich je daran geglaubt? Hatte ich je daran gezweifelt?
Viel Zeit verging. Der Morgen, der Christtagmorgen sah vorsichtig durch die Scheiben, an denen die Eisblumen sich hochrankten. Hatte ich geschlafen? Hatte ich gewacht? Die Jahre zogen an mir vorüber

wie Minuten. Die Jahre der Kindheit in diesem Hause, wenn wir lärmend in das Bett zogen, einer hinter dem anderen, und sangen: „Wir reisen nach Jerusalem, und wer reist mit ...“
Die Jahre mit Ursula, die nun schlief, tief atmete. Bilderfetzen wirr durcheinander: Ursula im weißen langen Hochzeitsschleier; Ursula im knappen roten Kleid auf dem Gebirgskamm, bei den Mädelsteinen; Ursula auf dem zugigen Bahnsteig, wenn ich abfahren musste; wie sie immer kleiner wurde, immer kleiner, zu einem Stecknadelkopf, und doch vor mir stand, schlank und unversehrt; ich in das Abteil zurückfiel, mitten in die lärmenden und lachenden Soldaten, und immer den Stecknadelkopf sehen musste, der meine Ursula war und blieb ...
Geträumt und gewacht; das unbarmherzige Schlagen der Wanduhr, die kurzen, harten Schläge zwischen den Viertelstunden, das dumpfe Murmeln des Fremden, der ein Priester und ein Pole war, der ein abgeschabtes, schwarzes Büchlein aus seinem Rock gezogen hatte, aus dem er unablässig las. Merkwürdig, je ruhiger, gleichmäßiger der polnische Priester betete, umso ruhiger wurde ich. Mein inneres Zittern hörte auf. Die unsteten Bilder verschwanden.
Ich habe den polnischen Priester, der aus dem Dunkel der Heiligen Nacht trat, in die er lautlos zurückging, nicht mehr wiedergesehen. Aber ich denke seiner in Liebe und Dankbarkeit. Und ich wünsche, dass er sich auch meiner erinnern möge.
Ich grüße ihn, gleich wo immer er sein mag, mit dem Gruß, den er mir entbot, als er neben mich trat, un-

bekannt und leise, an jenem Heiligen Abend 1945 in einem vergessenen niederschlesischen Dorf, nahe den Wäldern und nahe dem Fluss, ich grüße ihn so, wie er mich damals grüßte; ohne Arg, ohne Angst und ohne Scheu:
„Friede sei mit dir!“

Jochen Hoffbauer

(geb. 1923 in Geppersdorf – gest. 2006 in Kassel)
Jochen Hoffbauer wurde in Schlesien geboren und kam nach dem Zweiten Weltkrieg nach Kassel. Dort war er Schadensbeauftragter bei einer Versicherungsgesellschaft. In seinen Büchern beschäftigte er sich immer wieder mit seiner schlesischen Heimat.

Das Niklasschiff

Zu mir kam der Nikolaus nie. Dagegen in jedem Jahr zu unserem Nachbarssohne, dem reichen Mühl-Karl. In der Schule zeigte er mir dann an jedem 6. Dezember die schönen Sachen, die er geschenkt bekommen hatte.
Ich muss sagen, dass ich einen Groll auf den Nikolaus hatte. Auch dann noch, als mir meine kluge Tante sagte:
„Siehst du, wir haben so ein kleines Haus, da ist es schon leicht möglich, dass es der Nikolaus übersieht. Denn er ist nun doch einmal ein alter Mann.“
Das ließ ich mir eine Reihe von Jahren gefallen, als

ich aber zehnjährig war, beschloss ich, mich an den Weg zu stellen, dem Nikolaus aufzulauern und ihn auf unser kleines Haus aufmerksam zu machen.
Um halb acht käme er immer, hatte mir der Karl verraten. Gut, um halb acht Uhr stand ich auf der Straße vor der Mühle und passte auf.
„Herr Nikolaus", wollte ich sagen, „bitte schön, ich wohne dort drüben! Dort in dem kleinen Haus, wo der Kastanienbaum davorsteht! Wenn Sie bis an den Kastanienbaum herangehen, werden Sie das Haus schon sehen. Ich kann den Katechismus besser als der Karl, und ich hab bei der Schulprüfung eine Prämie gekriegt, und er nicht!" So wollte ich sagen. Ich hatte lange nachgedacht über diese Ansprache und konnte sie sehr gut auswendig.
Ach, es war eine von den vielen schönen Reden, die nicht gehalten werden. Denn als der Nikolaus wirklich kam, ein großer Mann mit einem wilden, langen Bart, mit einem umgedrehten Zottelpelz und einem Strohseilgurt, da verließ mich der Mut, und ich wäre hinter dem Lattenzaun, wo ich steckte, fast gestorben vor Angst, als er vorbeiging.
Erst als er weit weg war, kriegte ich all meine Courage wieder und schrie nun wie besessen: „Herr Niklas! Herr Niklas! Ich wohne dort drüben – dort in dem kleinen Hause – bei dem Linden-, nein, bei dem Kastanienbaume, hören Sie, bei dem Kastanienbaume!"
Er wandte sich nicht um, er verschwand in der Mühle. Ich zitterte am ganzen Leibe, und zornige Tränen kamen mir in die Augen. Ich würde auch dieses Jahr nichts kriegen. Das war klar! Denn der Niklas hatte

die Ohren verbunden gehabt. Außerdem – die zwei wichtigsten Dinge, Katechismus und Schulprämie, hatte ich vergessen.
In dieser Nacht lag ich eine qualvolle, lange Viertelstunde schlaflos wach im Bette. Ich wusste, dass ich nie wieder glücklich sein würde im Leben. Aber dann kam der große Tröster, der so wonnig zu lügen versteht, der Schlaf. Er löschte meine Leiden aus und stellte ein holdes Glück an ihre Stelle. Er erzählte mir, ich hätte zwei Bleisoldaten vom Nikolaus erhalten, einen blauen und einen roten.
Am anderen Tag hatte richtig der Mühl-Karl wieder eine Menge Sachen mit in der Schule. Ich wollte anfangs nichts davon ansehen, als er aber ein kleines Holzschiffchen auf die Schulbank stellte, war es aus mit meiner Selbstbeherrschung.
Ach, es war ein süßes, süßes Schiffchen! Es hatte einen Mastbaum und zwei Segel, ja sogar einen kleinen, eisernen Anker. An der Seite stand der Name des Schiffes: „St. Niklas".
Das weiß ich heute noch, wie ich damals plötzlich den Kopf auf die Schulbank legte und bitterlich zu weinen anfing. Die anderen Kinder lachten anfangs, dann redeten sie auf mich ein; zuletzt lief einer nach dem Lehrer, der drüben in seiner Wohnstube frühstückte.
Denn es war eine Dorfschule, und der Unterricht hatte noch nicht begonnen. Ich sagte auch dem Lehrer den Grund meiner Tränen nicht. Aber ich hörte auf zu weinen. Ein wilder Trotz überkam mich. An diesem Tage ließ ich den Mühl-Karl die Rechenauf-

gaben nicht abschreiben, und als er Hiebe bekam, freute ich mich. Hiebe! Da hatte er es nun mit seinem Schiff. Da hätte nur mal jetzt der Niklas zum Fenster reingucken sollen, wie sein geliebter Mühl-Karl über dem Stuhl lag und ich so stolz in der Bank saß und eine Tafel hatte, auf der alles richtig herauskam!

Oh, ich war auf dem Wege, ein schlechter Kerl zu werden! Ich bekam nicht einmal Gewissensbisse, als mich auf dem Heimweg der Karl trotz allem, was vorangegangen war, freundlich einlud, mit ihm am Nachmittag das Schiffchen auf dem Mühlbach schwimmen zu lassen.

Nein, ich schlug es grob ab. Ja, ich setzte etwas hinzu, was mir nur in der tiefen Verbitterung meines Herzens einfallen konnte:

„Überhaupt sind wir mit euch verfeindet! Denn mein Großvater hat mit deinem Vater einen Prozess wegen des Brunnens gehabt, und da hat mein Großvater alles unschuldig bezahlen müssen."

So wurde aus der Feindschaft der Alten auch eine Feindschaft der Kinder. Das mit dem Prozess stimmte. Denn wir hatten mit den Müllersleuten einen gemeinsamen Brunnen, und wo ein gemeinsamer Brunnen ist, muss auch ein Prozess sein.

Es vergingen fast zwei Wochen. Der Mühl-Karl bekam öfter Prügel in der Schule. Der Lehrer fand, dass er nicht nur im Rechnen, sondern auch namentlich im Aufsatz sehr zurückgegangen sei. Du lieber Gott! Der Lehrer hatte 110 Schüler in vier verschiedenen Klassen; der konnte wirklich hinter die Schliche solcher Intriganten, wie ich einer war, nicht kommen.

Zu meiner Ehre kann ich wahrheitsgetreu angeben, dass ich mich nach und nach über die Prügel, die der Mühl-Karl bekam, nicht mehr freute. Wenigstens nicht mehr so heftig wie am 6. Dezember.
Am 20. Dezember trat der Karl auf dem Heimweg abermals an mich heran: „Komm doch heute mit mir Schiffel fahren!“, sagte er.
Ich sehe noch jetzt, wie bittend ihm die braunen Augen aus dem roten robusten Gesichte leuchteten. Einen Augenblick schwankte ich. Aber der Groll siegte. „Gelt, dass ich dich dafür morgen abschreiben lass! Ich werde mich schön hüten!“ Und ich wandte ihm den Rücken.
Es war eine schwere Schuld, die ich auf mich lud.
Am selben Tag, kurz ehe die Dämmerung hereinbrach, sah ich die Müllerin schreiend über den Hof laufen, gleich hinterher rannte der Müller, dann die Dienstboten, zuletzt humpelte sogar die lahme Mühlgroßmutter bis vors Tor. Und ein bisschen später brachte der stärkste Knecht aus der Mühle den Karl getragen.
Er hatte mit seinem Schiffchen gespielt und war in den eiskalten Mühlgraben gefallen.
Zuerst war alles in mir stumpf und still. Eine Schadenfreude überkam mich nicht; dafür war ich zu sehr erschrocken. Bloß die Neugierde war in mir, was jetzt werden würde.
Aber dann, als es finster wurde, immer finsterer, als immer noch nicht unsere Lampe angezündet wurde, wurde ich so unruhig, so schwer unruhig.
Der Großvater war still, die Tante sagte kein Wort.

Und kein Licht – kein Licht! Der Sturm fing an zu gehen. Vor dem Sturme am Abend, dem finsteren Sturme, hatte ich immer Angst.
Ich rückte zum Feuer. Aber unser Hund knurrte mich an, weil ich ihn verscheuchte.
Ein Wagen rumpelte draußen. Wir gingen alle ans Fenster. Es war des Müllers Glaswagen mit zwei Laternen.
„Sie bringen den Doktor“, sagte der Großvater.
Und die Tante sagte: „Wer weiß!“
Da packte mich etwas an der Kehle, und als ich die Tante fragen wollte, was sie gemeint habe, brachte ich kein Wort heraus. Wenn er sterben müsste!
Oh, ich war ein kleines, dummes Büblein, hatte keine verfeinerte Seele, aber ein nacktes, blutzartes Herz, das von einem jähen Angstweh durchschnitten wurde, als ihm Tod und Schuld so nahe traten.
Ich bekam keine Luft; ich schlich hinaus, dann rannte ich über die Höfe hinüber zum Müllerhaus. Ich stand eine Weile frierend vor der Tür, dann kam eine Magd, die ich fragen wollte.
Der Doktor könne nichts versprechen, sagte sie, und der Karl läge mit offenen Augen, aber er könne nicht reden und auch nicht hören.
Langsam kehrte ich um. Ich lehnte lange an Müllers Gartenmauer; ich setzte mich endlich auf unsere Haustürschwelle und starrte hinüber nach den beleuchteten Fenstern.
So fand mich die Tante und brachte mich zu Bett.
Ich dachte unausgesetzt an Karl. Einen einzigen Trost hatte ich – dass er die Augen offen hatte. Wenn sie nur nicht zufielen! Ich streckte meine Hände aus

auf der Bettdecke und stellte mir vor, dass ich Mühl-Karls Augendeckel offenhalten könnte.
Ja, ich musste sie offenhalten – musste! Wäre ich mit ihm gegangen, dann wäre er nicht ins Wasser gefallen. Nun durften die Augen nicht zufallen! Nein, nein, sie durften nicht zufallen!
Und ich hielt zwischen Daumen und Mittelfinger je ein Stückchen Bettzeug und dachte immer, es seien Karls Augendeckel.
Einmal fiel mir ein, wenn der Karl stürbe, hätten wir einen Tag keine Schule und könnten das schöne Lied „Wo findet die Seele die Heimat" singen. Aber der Gedanke, der mich sonst bei Todesfällen im Dorf immer begeistert hatte, erfror diesmal an einem inneren Frost, der mir die Glieder schüttelte. Und Daumen und Mittelfinger pressten sich fester zusammen.
Zuletzt wollte ich beten. Und in seiner großen Angst demütigte sich mein Herzlein, und ich betete zum Nikolaus, dem einzigen Heiligen, von dem ich glaubte, ich sei mit ihm verfeindet. Ich stellte ihm gar inständig vor, dass er ja sehr recht täte, wenn er mir nie etwas schenke, weil ich doch so schlecht sei; aber über den Karl möge er sich erbarmen und ihn gesund werden lassen, denn dem Karl sei er doch von jeher sehr gut gewesen. Drei Tage vergingen. Am Brunnen hatte ich täglich der Marie, des Müllers Magd, aufgelauert.
Ja, er hätte immer noch die Augen offen, hatte sie mir gesagt. Wenn die Augen so lange offenstehen, wird er schon gesund werden, tröstete ich mich. Aber die Sorge, sie möchten zufallen, verließ mich nicht, und

ich grübelte auch immer schmerzlich darüber nach, warum denn der Karl nichts sehen könne, wenn er doch die Augen offen habe. Ich versuchte es eifrig, mit offenen Augen nichts zu sehen, aber es gelang nicht. Ich sah sogar am Abend und in der Nacht. Endlich hielt ich's nicht länger aus und befragte meine freundliche, kluge Tante. Sie besann sich eine Weile, dann sagte sie:

„Weißt du, der Karl hat jetzt keine Seele."

Das war am 23. Dezember gewesen. Es war gut, dass wir schon keine Schule mehr hatten, denn ich hätte nicht ein einziges bisschen lernen und aufpassen können. Ich dachte jetzt immerfort daran, dass der Karl keine Seele mehr hatte.

Wo die Seele hin sei, darüber zersann ich mir den Kopf Stunde um Stunde. Dass sie nicht im Himmel sein konnte, wusste ich, da der Karl noch nicht gestorben war.

Wo war die Seele hin?

In der Nacht auf den 24. lag ich lange wach. Das kleine Herz schlug schnell und laut, die Hände irrten auf dem Deckbett hin und her, der Kopf brannte. Es war so heiß in der Kammer.

Und da fiel mir's plötzlich ein. Wie der Karl ins Wasser gefallen ist, ist die Seele herausgegangen aus seinem Munde und im Bach ertrunken.

Mit einem Ruck saß ich aufrecht im Bette. Ich fror zum Erbarmen, und doch lief mir der Schweiß über das Gesicht.

Die Seele! Karls Seele! Ins Wasser gefallen! Ertrunken! Hilflos ertrunken! O Gott!

So eine Seele ist etwas Zartes, Feines, etwas in einem dünnen, weißen Hemdchen. Wenn das in den eisigen Mühlbach fiel und darin ertrank und erfror!
Es ist mein bitterer Ernst, wenn ich sage, dass ich nie wieder im Leben so heiß und hoffnungslos gelitten habe wie damals, da sich die Krallenfinger der Angst und Reue zum ersten Mal in mein wehrloses Herz eingruben.
Damals hörte ich das erste Mal die Mitternachtsstunde schlagen.
Nach langer Zeit war ich so erschöpft, dass ich halb betäubt ins Bettchen zurücksank. Und in der schweren Müdigkeit kam dem kleinen Kämpfer endlich ein milder Trostgedanke.
Das Schifflein! Das Schifflein war ja auch im Wasser gewesen. Vielleicht hatte sich Karls Seele an das Schifflein angeklammert!
Am Heiligabendtage ging ich frühzeitig zum Brunnen. Ich musste lange warten, dann kam die Müllermagd.
„Hat er die Augen noch offen?"
„Nein, seit gestern Abend hat er sie zu!"
„Ist er – gestorben?"
„Jetzt ist er noch nicht gestorben."
Sie füllte ihre Kannen und ging. Unbeweglich schaute ich ihr nach, wie jemandem, der die letzte Hoffnung forträgt. Er war noch nicht gestorben! Aber er hatte die Augen schon zu! Es schien mir der Augenblick der höchsten Gefahr.
Die Seele musste ich suchen – die Seele! Ich eilte durchs Hoftürchen hinaus aufs Feld, über einen

Ackerweg, auf den Mühlbach zu. Die Glieder bebten mir in eisiger Angst, aber ich ging. Ach, ganz fertig brachte ich es doch nicht! Abseits vom Bache rannte ich flussaufwärts. Ich spähte sehnsüchtig verlangend hinüber, aber die Füße blieben mir in den Löchern des Sturzackers gefangen.

Dort war die große Esche. Dort war er hineingefallen. Noch einmal überkam mein Kinderherz eine heiße Todesangst. Dann aber sah ich den Karl vor mir liegen mit geschlossenen Augen, und laut aufweinend vor Furcht und Sorge rannte ich hin zur Esche.

In der Nacht war ein milder Frost gekommen, der hatte eine dünne Eisdecke über den Bach gespannt. Spiegelglatt lag die glitzernde Fläche vor mir. Eine lächelnde tote Fläche!

Gefroren! Nun war sie nicht mehr zu finden! Nun steckte sie unter dem Eise! Langsam schlich ich den Bach hinab. Einmal schrak ich zusammen, als ich etwas Weißes im Eise sah. Aber es war nur eine Luftblase.

Da gab ich alle Hoffnungen auf. Der Kopf schmerzte mich, die Füße strauchelten oft und glitten aus. Und eine schneidende Todeskälte stieg vom Bache herauf. Es war eine traurige Wanderung für ein Kind am Heiligen Abend.

Und da traf mich das Wunder!

Eingefroren, nicht weit vom Ufer weg, stand Karls kleines, süßes Holzschifflein. „St. Niklas" stand daran, und der Wind spielte leicht mit den kleinen Segeln.

Drinnen aber im Schiff lag etwas Weißes.

Mit glühenden, weiten Augen starrte ich hin. Zuerst fiel mir ein, es möge ein verwehtes Blatt sein, das der Reif so weiß gemacht habe. Aber bald kam mir eine viel, viel bessere Erkenntnis.
In dem Schiffe war Karls Seele.
Ein bisschen zusammengefroren, ein bisschen bereift in den kalten Winternächten – aber doch Karls kleine, weiße Seele.
Sie hatte sich gerettet! O – alleluja – gerettet –
Ich rutschte auf den Knien den Bachrand hinab, ich ergriff einen dünnen Erlenzweig und beugte mich weit über das Wasser. Einen Augenblick schwebte ich so zwischen Tod und Leben, dann hielt ich das Schifflein in den Händen.
Keinen Blick warf ich mehr hinein. Nein, das wagte ich nicht. Aber mit hocherhobenen Händen, so wie ein Priester einen heiligen Kelch trägt, so trug ich in dem Holzschiffe Karls Seele heim.
Als der Wind übers weiße Feld fuhr, als mir die großen, schwarzen Vögel über dem Haupte flogen, drückte ich das Schifflein an meine Brust.
Als aber die goldene Sonne durch die Wolken schien, trug ich es wieder hoch in den Händen und ging langsam, glücklich, zuversichtlich Schritt für Schritt.
An des Müllers Tür war eine Klingel. Mit erstarrter Hand riss ich an dem Zuge, dass die Glocke schrill durchs Haus gellte. Der Müller kam scheltend herausgesprungen. Ich aber stand ruhig und ernst da und sagte so feierlich, als ob ich ein Gebet spräche:
„Ich bringe Karls Schiff! In dem Schiff ist seine weiße Seele!“

Der Müller starrte mich an. Als ich ihm aber so gläubig in die Augen sah, sagte er kein Wort, nahm mir das Schifflein ab und trug es ins Haus.
Und noch ehe die Lichter meines kleinen Christbaumes angezündet wurden, trat der Müller in unsere Stube. Er entschuldigte verlegen sein Kommen und sagte, er freue sich so, denn der Doktor sei eben wieder dagewesen und habe gesagt, der Karl werde nun bestimmt wieder gesund werden. Das komme er sagen, weil wir doch öfter hätten nachfragen lassen.
Der Großvater und die Tante waren freundlich zum Müller. Ich sagte kein Wort. Auch dann wich das andächtige Schweigen der Freude nicht von mir, als der Müller fortfuhr:
„Gerade als euer Paul das Holzschiffchen brachte und so sehr mit unserer Klingel läutete, ist der Karl aufgewacht aus seinem Schlafe und hat die Besinnung wiedergehabt. Und uns sind allen die Augen übergegangen, weil doch euer Paul meinte, in dem Schiff bringe er Karls Seele."

Paul Keller

(geb. 1873 in Arnsdorf – gest. 1932 in Breslau)
In der ersten Hälfte des 20. Jahrhunderts war der schlesische Schriftsteller einer der meistgelesenen Autoren, seine Bücher brachten es auf eine Gesamtauflage von fünf Millionen. Sein Werk wurzelt in seiner Heimat und ist von tiefer Religiosität geprägt.

Der Kronentaler

Es werden nicht die meisten unter uns sein, die einen gesehen haben oder gar einen besessen. Ich gehöre zu den Letzteren und, was ich mit dem meinigen gemacht habe, das hat lange Zeit für mich unter das Kapitel Jugendsünden gehört, bis ich solche Dinge mit dem göttlichen Humor ansehen lernte, der in allem die Keime zu Höherem und Besserem findet. Aber wenn ich an meinen Kronentaler denke und an das Leid, das ich mit ihm erlebte, als ich – nun, ich kann's auch sagen –, als ich ihn in Mohrenköpfe für meine ganze Klasse umgewandelt hatte, dann fällt mir immer der Großonkel Gottlob ein, der das ganz verhagelte Selbstgefühl des in Ungnade stehenden Mägdleins mit der Geschichte seines Kronentalers wieder ein wenig hob oder ihm doch neue Möglichkeiten zeigte.
Wir standen alle im Kreis um ihn herum, nachdem wir wie immer, wenn er uns nach der Vormittagskirche besuchte, seine großen Manteltaschen ausgeleert hatten. Es waren immer Laugenbretzeln darin und auch heute. „Ja, mit dem Geld muss man umgehen lernen“, sagte er, „sonst geht es mit einem um. Es ist ein Racker, das Geld.“
Wir Kinder fanden, dass der Großonkel sehr gut damit umgehen könne; denn wie könnten ihm sonst so feine Sachen einfallen, die man mit Geld tun konnte? Aber wir sagten nichts, denn es kam eine Geschichte, das war mit Pelzhandschuhen zu greifen. Und mit Geschichten konnte er gleichfalls gut umgehen.

Die beiden Geschwister, er und unsere Großmutter, sahen einander kopfnickend an, denn sie wussten schon wieder alles voneinander. Es ging die Sage, sie seien miteinander jung gewesen, was angesichts ihrer grauen Haare und zahllosen Runzeln kaum zu glauben war; die hellen, blauen Augen allerdings sprachen wieder dafür.

„Also einmal“, fing der Großonkel ohne weitere Einleitung an, „ging es auf Weihnachten zu, und es war der ewig und unvergesslich schöne Abend, der alle Jahre wiederkam, an dem wir unsern Wunschzettel für das Christkindlein schreiben und vors Fenster legen durften. Es redete uns niemand etwas drein, und wenn einer von uns gefragt hätte, ob man sich einen lebendigen Schimmel wünschen dürfe oder einen Dudelsack, so hätte die Mutter lächelnd gesagt: ‚Das müsset ihr selber spüren, was ihr gern zum Christtag hättet. Im Übrigen wird dann das Christkindlein schon auslesen, was es für recht hält.‘ Sie hatte auch recht damit gehabt; denn ungefähr spürte man schon, was unter unsern Christbaum passte und was nicht, und das rechte Wünschen wird einem ja auch anerzogen durch die Luft, in der man lebt.

Wir waren eine zahlreiche Gesellschaft und eine heitere, und es schwirrte und tuschelte um den Tisch herum und streckte die Köpfe zusammen, und es gab lange Leitern auf den Papierstreifen, denn das Wünschen selber war eine so schöne Sache; es musste ja gar nicht sein, dass alles in Erfüllung ging, man konnte es doch einmal ausbreiten, was das Herz begehrte. Nur ich saß stumm dabei und nagte an meinem Bleistift. Denn ich war grad in dieser Zeit aus dem Paradies vertrieben worden, und zwar durch einen Schulkameraden, der mir gesagt hatte, was ich freilich schon lang wusste, dass es gar kein Christkind gebe, sondern dass man alles um Geld kaufen könne, wenn man nämlich habe. Wer kein Geld habe, dem bringe auch das Christkind nichts, das sei eine alte Mücke, die schon lange fliege.

Zum Beispiel, er habe einen Kronentaler von seinem Döte bekommen, und dafür könne man den ganzen Jahrmarkt auskaufen, und habe noch übrig. Wie gesagt, eigentlich hatte ich das vom Christkind ja schon gewusst; aber wissen und wissen ist zweierlei. Es war doch jedes Jahr ein besonderer Glanz auf allem, was unter dem Christbaum lag, und alles war heilig und vom Himmel her. Er aber hatte mir einen Unkrautsamen ins Herz gesät, der schnell aufschoss, wie der Kürbis des Propheten Jona, und alles zudeckte, was hell und einfach und auch zugleich geheimnisvoll gewesen war. Ich hatte auf unbegreifliche Weise den Wunsch nach einem Kronentaler ins Gemüt bekommen, und da saß er nun und füllte aus, was sonst an billigen Bubenwünschen in mir gewesen war. Denn so, wie ich etwas aufschreiben wollte, was mich freuen konnte, drehte sich der Kronentaler in mir um und gleißte mich an: Das kannst du um einen kleinen Teil von mir kaufen, und dann noch viel dazu, und außerdem, wenn du mich hast, so kannst du dir ein Jahr lang überlegen oder noch länger, was du willst, es steht dir dann alles offen. Es war eine Qual, aber auch eine Wonne, und ich stöhnte leise aus beiden

Gefühlen heraus, sodass die Mutter mich erstaunt fragte, was ich für eine schwere Sache auszudenken habe. Sie wusste schon, dass ich im Augenblick in keinen guten Schuhen stecke, und es machte ihr auch zu schaffen; aber sie war eine von denen, die schweigend aufmerken und abwarten können, und plagte mich nicht weiter, als ich keine Antwort gab.
Als es aber endlich Zeit war, ins Bett zu gehen, und die Wunschzettel eingesammelt und vors Fenster gelegt wurden, da stand auf meinem nur: ein Kronentaler; und ich sah, dass mich ein trauriger Blick der Mutter streifte. Aber um den Mund sah sie aus, als ob sie etwas wider Willen lächelte, und das galt leider mir, ich wusste es schon. Als ich im Bett lag, hörte ich draußen in der Wohnstube die Eltern miteinander reden, und ich wusste, dass sie von mir sprachen; denn irgendwie war es kein Weihnachtswunsch gewesen, sondern etwas wie eine Loslösung vom alten Glauben, was ich auf den Zettel geschrieben hatte.
Am andern Morgen war es wie immer: Die Zettel waren nicht mehr da, und das war sonst unsäglich verheißungsvoll, wenn man auch wusste, dass die Mutter sie genommen habe. Für mich aber war es eine kühle und fremde Sache, und man musste sehen, wie sie ausging. Der Schulkamerad ließ mich noch einmal seinen Kronentaler sehen, der stärkte mir den Mut, und ich bildete mir ein, dass ich mich freue wie sonst. Auch saß irgendwo ganz unten die leise Hoffnung, dass eine Weltregierung über mir sei, die den Dingen den alten Glanz beibringen könne, denn der verzog sich sachte bei mir, und kam auch nicht wie-

der herauf, als wir am Heiligen Abend in der Christtagsstube versammelt waren.
Es war alles wie sonst: Der Vater las das Weihnachtsevangelium. Dann sagte jedes von uns einen Liedervers her unter dem Christbaum. Aber hinter uns stand der lange Tisch, über dem eine Pyramide mit Lichtern brannte, und es war nicht zu vermeiden, dass man während des Hersagens sich ein wenig drehte, sodass man wenigstens einen Umriss von den Dingen sehen konnte, die da aufgebaut waren. Ich tat es auch, aber es musste nicht sein wie sonst, die Plätze waren gegen das Vorjahr vertauscht, ich konnte den meinigen nicht erkennen. Aber er war an der gleichen Stelle wie sonst, nur dass er wenig Raum einnahm und fast verschwand zwischen den andern. Es stand nur der übliche Teller mit Lebkuchen, Schnitzbrot und Äpfeln da, und in dem größten Apfel steckte ein blinkendes Geldstück, das, als ich's herauszog, ein Kronentaler war. Ein schweres Silberstück, das man hinten und vorne besehen und in der Hand umdrehen konnte, solange die andern ein großes Jubelgeschrei vollführten über ihren erfüllten Wünschen. Ich schielte zu meinem Nebenmann, dem Jörgen, hinüber, der selig eine kleine blau und grau gestreifte Sammetweste mit weißen Glasknöpfen ins Licht hielt, aber gleich darauf noch lauter schrie als vorher, denn unter der Weste lag eine Geige, ein sogenanntes Schülergeigle, das sein höchster und tiefster Traum gewesen war. Der Christoph, unser Kleinster, hatte einen blauen Schubkarren, der mit Nüssen und Glasmarmeln und einem Griffelkas-

ten geladen war, denn er sollte an Ostern in die Schule kommen, und trieb sich als Karrenschieber selber an mit einer Trompete, die ihm an einer rotweißen Schnur um den Hals hing. Die Mädchen aber hatten Puppen und Nähkästen und Schürzen und seidene Tücher und auch Bücher, und alle zeigten einander alles, und es war ein Freudenlärm ohnegleichen. Nur ich allein schrie nicht mit, sondern stand mit meinem Kronentaler da wie ein fremder Gast und probierte, mir auszudenken, was man alles dafür haben könne: Bücher und Geigen und Sammetwesten genug. Aber es war gar nicht wahr, denn man konnte nur eines kaufen oder dann das andere, und außerdem half es einem gar nichts, da heute der Christtag war und alles heilige, himmlische, selige Dinge waren, die da im Lichte standen. Die andern aber, die man sich später auslesen konnte, waren werktäglich und von Freude weit entfernt. Außerdem hatte man dann auch den Kronentaler nicht mehr, wenn man ihn ausgab, und alles zusammen war eine gemeine und hinterhältig schlechte Geschichte, und alles kam davon her, dass es kein Christkindlein mehr gab.

Einmal sah ich, dass die Mutter mir ein wenig zunickte, da stieg mir das Wasser in die Augen. Denn sie ging von einem der Geschwister zum andern und sah alle Sachen mit ihren freudigen Blicken an, da stiegen sie noch im Werte. Der Vater aber geigte auf Jörgles kleiner Geige, und der neue Besitzer streckte verlangend die Hände nach der Kostbarkeit aus, um sofort auch darauf zu kratzen; zu mir aber kam niemand, denn es war etwas Fremdes und Ungewöhnliches an meinem Platz und bei mir. Da nahm ich mein Weihnachtsgeschenk und ging in die Elternschlafstube, deren Fenster auf den Neckar gingen. Und als ich eine Weile in der Dunkelheit am Fenster gestanden war, tat ich etwas, zu dem eine dunkle und heftige Wut mich trieb: Ich schmiss den Kronentaler mit einem wilden und starken Wurf aus dem Fenster und hörte gleich darauf ein kleines Glucksen im Wasser, das mein Weihnachtsgeschenk aufgenommen hatte. Dann aber fing ich an, laut hinauszubrüllen, in einem Weltenjammer, in den hinein, als er eine Zeit gedauert hatte, mein Vater trat, dessen Herzensuhr besagte, es werde bei mir so weit sein, dass man mich an der Hand nehmen und unter den Christbaum führen könne, wo die unerschöpflich reiche Liebe, die das eigentliche und ewig unsterbliche Weihnachtskind ist, meinen Platz mit Gaben geschmückt hatte, die mein aufgerührtes Herz mit Seligkeiten füllte, wie ich sie zuvor noch nie geschmeckt hatte."

„Eigentlich, wenn man es recht überlegt", sagte meine Großmutter, als der Großonkel schwieg, „was hat denn nun deine Geschichte für eine Moral für das Annele? Denn sie hat ja eben ganz anderes verböst als du." „Eine Moral?", sagte der Großonkel ganz erschrocken. „Das habe ich nicht gewusst, dass eine Moral verlangt wird. Das Annele muss halt auch Lehrgeld zahlen, und zwar einen Kronentaler, wie ich, bis sie's selber merkt, dass das Geld, dieser Racker, alle Schliche weiß, die Menschen zu verderben, so oder so, so lange, bis feste und willige Liebeshände es in Dienst und Zucht nehmen, dass es Kräfte und Seligkeiten schaffen muss, es mag wollen oder nicht. Moral? Nein, mit Moral gebe ich mich überhaupt nicht ab.“

Anna Schieber

(geb. 1867 in Esslingen – gest. 1945 in Tübingen)
Volkstümlich und naturverbunden sind die Bücher der schwäbischen Schriftstellerin Anna Schieber. Besonders ihre Kindergeschichten wurden viel gelesen. Nach dem Ersten Weltkrieg wirkte sie in Württemberg am Aufbau der Volksbildungsarbeit mit.

QUELLEN

Brückner, Christine Wenn es dämmert am Heiligen Abend (redaktioneller Titel: Wenn es dämmert), aus: Christine Brückner, Hat der Mensch Wurzeln? Autobiographische Texte, Herausgegeben von Gunther Tietz, © 1988 Ullstein Buchverlage GmbH, Berlin

Corinth, Wilhelmine Weihnachten bei den Corinthern (redaktioneller Titel: Ein Skizzenbuch voll Glück), aus: Ich habe einen Lovis, keinen Vater, © 1990 by LangenMüller in der F. A. Herbig Verlagsbuchhandlung GmbH, München

Hausmann, Manfred Der Weihnachtsstern, aus: ders., Nachtwache. Alte Musik. Füreinander. Gedichte aus den Jahren 1922–1946, © S. Fischer Verlag GmbH, Frankfurt am Main 1983

Hausmann, Manfred Zum ersten Mal, aus: ders., Wege und Umwege. Betrachtungen, © S. Fischer Verlag GmbH, Frankfurt am Main 1985

Hesse, Hermann In Weihnachtszeiten, aus: Hermann Hesse, Sämtliche Werke in 20 Bänden. Herausgegeben von Volker Michels. Band 10: Die Gedichte, © Suhrkamp Verlag Frankfurt am Main 2002. Alle Rechte bei und vorbehalten durch Suhrkamp Verlag Berlin

Kästner, Erich Weihnachtsschwarzmarkt in Berlin, aus: Erich Kästner, Gesammelte Schriften für Erwachsene, © Atrium Verlag Zürich 2005 und Thomas Kästner

Kollwitz, Käthe Weihnachtsbriefe an die Kinder (23. Dezember 1914) (redaktioneller Titel: Still und feierlich), aus: Jutta Bohnke-Kollwitz (Hrsg.), Käthe Kollwitz – Briefe an den Sohn 1904 bis 1945, © 1992 Wolf Jobst Siedler Verlag, München, in der Verlagsgruppe Random House GmbH

Krolow, Karl Eine Weihnachtserinnerung, die ich nicht vergaß, © Peter Krolow

Ossowski, Leonie Das Weihnachtsessen, © bei der Autorin

Rinser, Luise Kälte und Dunkel, Wärme und Licht (redaktioneller Titel), aus: Luise Rinser, Kriegsspielzeug. Tagebuch 1972–1978, © S. Fischer Verlag GmbH, Frankfurt am Main 1978

Schwarz, Regina Wo man Geschenke verstecken kann, © bei der Autorin

Leider war es uns trotz aufwendiger Recherchen nicht möglich, alle Rechtsinhaber ausfindig zu machen. Für Hinweise ist der Verlag dankbar.